Les Éditions du Boréal
4447, rue Saint-Denis
Montréal (Québec) H2J 2L2
www.editionsboreal.qc.ca

21 JOURS
EN OCTOBRE

DU MÊME AUTEUR

À l'ombre du bûcher, Boréal, coll. « Boréal Inter » (*L'Enfant des drailles* 1), 2001.

L'Or blanc, Boréal, coll. « Boréal Inter » (*L'Enfant des drailles* 2), 2002.

Le Jongleur de Jérusalem, Boréal, coll. « Boréal Inter » (*L'Enfant des drailles* 3), 2004.

Castor blanc, Nîmes, Alcide, 2005 ; La Courte Échelle, 2006.

Le Château des Gitans, Boréal, coll. « Boréal Inter », 2009.

Magali Favre

21 JOURS EN OCTOBRE

Boréal

Dépôt légal : 4e trimestre 2010
Bibliothèque et Archives nationales du Québec

Diffusion au Canada : Dimédia
Diffusion et distribution en Europe : Volumen

Catalogage avant publication de Bibliothèque et Archives nationales du Québec et Bibliothèque et Archives Canada

Favre, Magali, 1953-

21 jours en octobre

(Boréal inter ; 57)

Pour les jeunes.

ISBN 978-2-7646-2069-4

1. Québec (Province) – Histoire – 1970 (Crise d'octobre) – Romans, nouvelles, etc. pour la jeunesse. I. Titre. II. Titre : Vingt et un jours en octobre. III. Collection : Boréal inter ; 57.

PS8561.A929V56 2010 JC843'.6 C2010-941368-7

PS9561.A929V56 2010

À Madeleine

Quand on demande à la liberté de montrer ses papiers
à cinq heures du matin [...]
Quand on fait trébucher la Justice
dans les maisons pas chauffées
à cinq heures du matin
Quand la raison d'État se met en marche
à cinq heures du matin [...]

GÉRALD GODIN (1938-1994), *Libertés surveillées*, 1975

1

À la barre du jour

Les machines font un bruit infernal. Une poussière humide et cotonneuse envahit ses poumons. Il tousse et sent une déchirure au fond de sa gorge. La cadence de la fileuse résonne dans sa tête. Une chaleur moite lui colle à la peau.

La sirène hurle enfin. Sa première semaine de travail est terminée. Un garçon à peine plus vieux que lui vient le remplacer. Celui-ci vérifie d'un coup d'œil expert si les fils sont bien tendus et les barils de laine bien garnis. L'énorme fileuse, elle, garde la cadence, indifférente.

Gaétan traverse l'immense salle qui vibre au rythme de cinquante machines. Il rejoint les ouvriers qui se massent dans les escaliers, leur boîte à lunch vide au bout du bras. Il descend trois paliers et se retrouve en file devant la sortie.

À son tour, il prend sa carte et la glisse dans la fente de

la pointeuse. Il est sept heures du matin, le 16 octobre 1970. Il sort. Le vrombissement des machines cesse enfin.

Le soleil n'est pas encore levé, et la ville baigne dans une lueur bleutée. Le garçon aime cet instant de la journée où tout est encore neuf, où tout semble encore possible. Il marche à pas lents vers la rue Notre-Dame et respire à grandes goulées l'air vif de l'aube. Il s'amuse à faire de la buée avec sa bouche en attendant l'autobus. Un léger frimas couvre les voitures. Les dernières feuilles tombent des arbres.

Le bus arrive bondé, comme chaque matin. Les usines le long du canal ont toutes les mêmes quarts de travail, et les vieux autobus bruns qui se traînent le long des rues peinent à contenir les centaines de travailleurs qui retournent chez eux. Gaétan arrive à se faufiler juste avant la fermeture des portes. Il en a pour une heure à se faire brasser, jusqu'au coin de la rue Wolfe, dans son quartier du Faubourg à m'lasse, tout près du port.

Debout, appuyé au poteau, il commence à être fatigué. Ses paupières sont lourdes, il somnole. Réveillé par une secousse, il entrouvre les yeux et aperçoit le clocher de la basilique Notre-Dame. Enfin, il va bientôt arriver. Il n'a qu'une hâte : plonger dans son lit. Mais avant, il veut passer chez Luc.

Il descend du bus et longe l'immense terrain vague où monte un peu plus haut chaque jour la nouvelle tour de Radio-Canada. Il songe aux interminables parties de hockey qu'il y a disputées avec ses amis. Cette portion du quartier tombée sous les pics des démolisseurs était devenue avec le temps un immense terrain de jeu. Après l'école, tous les garçons s'y retrouvaient ; l'école Plessis contre l'école Garneau.

Aujourd'hui, des palissades en interdisent l'accès, et les grues sont déjà en pleine action. De toute façon, Gaétan n'a plus le temps de traîner, ni au terrain vague ni dans les ruelles. Il ne verra plus sa mère surgir sur le balcon pour crier que le souper est prêt.

Gaétan longe l'interminable palissade. Chaque jour, de nouveaux graffiti s'ajoutent sur les panneaux : *FLQ vaincra !* « Celui-là a certainement été peint pendant la nuit », se dit le garçon en haussant les épaules, avant de tourner sur la rue de la Visitation, où habite son ami. De plusieurs années son aîné, Luc travaille lui aussi à la Dominion ; il y est depuis deux ans. C'est grâce à Luc que Gaétan a trouvé ce travail, en mentant sur son âge.

Deux jeunes garçons, leur sac d'école à la main, passent à côté de lui en courant et bousculent le facteur, qui poursuit sa tournée comme si de rien n'était.

— Envoyez ! Dépêchez-vous, les flos ! L'école est commencée ! leur crie Gaétan en riant.

Pour la première fois, cette année, il n'est pas retourné à l'école. À quinze ans, il s'est dit que le temps était venu pour lui de sauter dans la vraie vie. De toute façon, ses parents ont besoin de l'argent qu'il rapporte à la maison.

Justement, aujourd'hui, il a sa première paye en poche. Gaétan donne un coup de pied dans un gros tas de feuilles mortes.

— À c't'heure, je suis dans les ligues majeures ! se dit-il fièrement.

Il passe par la ruelle et grimpe quatre à quatre les marches de l'escalier en colimaçon qui monte jusqu'au troisième. Il pousse la porte et se retrouve dans la cuisine, devant un Luc à peine sorti du lit.

— Excuse ! J'arrive trop tôt ?

— C'est pas grave. De toute façon, j'ai une réunion syndicale avant la job. Pis, ta première semaine ?

— C'est pas mal tofe, le travail de nuit. Le bruit, la chaleur… Je suis crevé !

— C'est fini, se pogner le beigne sur les bancs d'école ! Envoye, je t'invite à prendre une Mol à la taverne.

— À neuf heures du matin ? Si ma mère l'apprend…

— Crains pas ! Ça va avec la job. Si tu peux travailler, tu peux boire !

Luc retourne dans sa chambre pour s'habiller. Gaétan admire ce jeune homme déterminé qui ne se laisse pas marcher sur les pieds. Luc a décroché un poste au shipping à la Dominion. Un travail moins dur qu'à la production, même s'il faut transporter des boîtes à longueur de jour. Il n'est pas fils de débardeur pour rien. Il connaît le métier. « Le plus fatiguant, explique Luc, c'est de supporter le foreman qui aboie ses ordres en anglais. »

Des coups violents retentissent soudain à la porte.

— Va voir c'est qui ! lance Luc de la chambre. J'arrive !

Gaétan jette un coup d'œil par la fenêtre du petit salon. Deux hommes qui portent un chapeau et un pardessus gris se tiennent droits comme des piquets devant la porte.

— Je les connais pas. En tout cas, ils ont des faces de bœufs !

Avant même que Luc ait le temps de répondre, un fracas de vitre brisée retentit dans la cuisine. Deux policiers pénètrent brusquement dans l'appartement et vont ouvrir aux hommes, qui attendaient toujours devant l'entrée.

— Luc Maheu ? demande l'un d'eux.

— Lui-même ! Qu'est-ce que vous faites chez moi ? C'est quoi, le problème ?

— On vient te rendre une petite visite matinale, comme tu vois.

Un policier vide déjà les tiroirs de la chambre et fouille les armoires.

— Avez-vous un mandat ? demande Luc, abasourdi, en boutonnant rapidement sa chemise.

— Mon gars, tu sauras que depuis quatre heures à matin on peut faire ce qu'on veut. Nos députés ont fait de l'overtime. La loi des mesures de guerre, ça te dit quelque chose ? On n'a plus besoin de mandat.

— Comment ça ? C'est pas possible, s'indigne Gaétan.

— Toi, c'est quoi, ton nom ?

Le garçon n'insiste pas.

— On l'embarque lui aussi, chef ? demande un des policiers à l'homme en civil.

— Non ! Les morveux, c'est pas pour tout de suite.

Puis, s'adressant à Gaétan d'un air dédaigneux :

— Retourne chez tes parents, sinon on t'embarque toi avec.

Se tournant vers Luc, il ajoute :

— Ah oui, j'ai oublié de te dire que t'es en état d'arrestation.

— Mais j'ai rien fait !

— On verra ça plus tard.

L'autre homme en civil sort des menottes de sa poche et les passe à Luc, qui est sidéré. Il le pousse vers la porte. Gaétan a la présence d'esprit de lui tendre son manteau. Son ami lui lance rapidement :

— Préviens ma mère. De toute façon, ça peut pas être long. Je suis coupable de rien. Si tu peux, préviens aussi Paul. La Mol, ça sera pour vendredi prochain, promis.

Luc descend les escaliers encadré des quatre hommes et disparaît dans la voiture de police, comme un criminel.

Seul au milieu de la cuisine vide, Gaétan n'en croit pas ses yeux.

2

Vendredi 16 octobre

Le garçon jette un regard désolé à la cuisine saccagée. Il prend machinalement le balai et le porte-poussière, ramasse tant bien que mal les éclats de vitre.

« Faut réparer le carreau au plus sacrant, se dit-il, sinon tout va geler. Pis n'importe qui peut entrer. »

Mais il sait bien qu'il n'y a pas grand-chose à voler ici. Consciencieux, il éteint la fournaise à l'huile, va dans la chambre et replace les couvertures sur le lit, au-dessus duquel est punaisée une grande affiche de Robert Charlebois. Il referme les tiroirs en poussant le linge n'importe comment à l'intérieur. Puis, il replace le drapeau des patriotes qui sert de rideau et que l'un des policiers a arraché.

Il est temps de partir. Affamé, il veut faire un saut chez lui pour se mettre quelque chose dans l'estomac avant de prévenir qui que ce soit. Il sort par-devant : c'est plus direct pour arriver rue Sainte-Rose.

Gaétan frissonne. Le soleil est levé, mais il reste discret et n'arrive pas à réchauffer l'atmosphère. La mi-octobre, c'est la saison de l'entre-deux, pas vraiment chaude, mais pas très froide non plus. Il n'est pas encore question de sortir les tuques et les mitaines, mais on gèle quand même.

Sa maison de briques rouges est de plain-pied avec le trottoir. Il tourne énergiquement la manette métallique qui fait sonner la clochette au son aigrelet accrochée derrière la porte. Il se demande toujours comment sa mère fait pour l'entendre du fond de la cuisine. Quelques secondes et la porte s'ouvre. Du haut de l'escalier, elle tire sur la corde qui actionne le loquet. Pendant qu'il monte la rejoindre, elle lui lance un bonjour fatigué.

— C'est pas trop tôt ! Tu veux déjeuner ou dîner ? à l'heure où t'arrives, t'as le choix. Ils te font déjà faire de l'overtime ?

— Non, non. Je suis passé chez Luc.

— T'es pas allé traîner à la taverne, toujours ben ?

— Voyons donc, maman, tu me connais.

— Justement, je les connais, les gars du coin, comme si je les avais tous tricotés. Ils ont pas de barbe au menton qu'ils prennent déjà un coup.

Le garçon sent de l'amertume dans sa voix. Il aurait tellement aimé qu'elle soit fière de lui. Après tout, en commençant à travailler, il peut désormais aider aux dépenses de la maison. Mais elle aurait préféré qu'il continue ses études, qu'il apprenne l'anglais et fasse un cours commercial. Elle le lui a assez souvent répété.

« Avec des maths et de l'anglais, tu trouverais une belle position. Tu pourrais avoir la chance de changer de quartier, de monter la côte. Ici, y a que du pauvre monde ; on crève l'été et on gèle l'hiver, dans nos taudis. Le maire Drapeau l'a dit : c'est juste un quartier de pouilleux qu'il faut démolir. T'aurais la chance d'en sortir si tu continuais l'école. »

Sa mère a-t-elle toujours été si aigrie ? Non. Quand il était petit, elle était souriante et enjouée. Elle chantait souvent. Mais c'était avant les deux autres enfants, les démolitions et surtout l'accident de son mari. La vie a varlopé sa jeunesse et, avec elle, la joie d'être mère.

Le père de Gaétan travaillait depuis toujours au port de Montréal. Une mauvaise chute, cinq ans auparavant, lui a laissé une vertèbre cassée, l'empêchant de transporter de lourdes charges. La compagnie lui a trouvé un travail temporaire dans un bureau, puis l'a renvoyé. Depuis, la famille tire le diable par la queue.

— Tiens, ma première paye, dit-il pour changer de sujet. Je garde cinq piastres.

— Je vais enfin pouvoir rembourser l'épicier. Bon, crêpe ou pâté chinois ?

— Pâté chinois.

Le garçon s'assoit et engloutit sa portion en silence. Il ne veut pas parler des événements de ce matin : il risquerait d'inquiéter sa mère.

— J'en prendrais encore.

— Ta paye va passer en bœuf haché ! dit-elle en souriant. Tu ferais mieux d'aller te coucher pour récupérer de ta nuit d'ouvrage.

— Non, j'ai des choses à faire.

— Quelles choses ? Il faut surtout que tu dormes.

— Ma semaine est finie. Crains pas, demain, je dormirai toute la journée.

Il se lève de table sans attendre sa deuxième portion, prend deux tranches de pain blanc et se précipite dans l'escalier.

Il a des remords en pensant à sa mère, debout au milieu de la cuisine. Il ne lui a même pas dit au revoir. Mais bon, il a sa vie à faire !

Luc est chanceux : il est peut-être en prison, mais il ne se fait plus surveiller par sa mère, lui. Six mois plus tôt, son ami a déménagé après avoir économisé pendant un an pour prendre un appartement. Il n'en pouvait plus de vivre seul avec sa mère, qui surveillait tous ses faits et gestes. Un jour, que Gaétan espère pas trop lointain, ce sera son tour. C'est pour ça aussi qu'il a commencé à travailler.

Il marche maintenant sur Dorchester. De l'autre côté du large boulevard se dressent quatre grues immenses. Trois camions à bétonnière font la queue pour remplir les coffrages en bois. L'hiver arrive à grands pas, et les ouvriers travaillent jour et nuit à ériger la tour de Radio-Canada avant l'arrêt des travaux jusqu'au printemps.

Québec libre ! Un nouveau slogan décore la palissade. Celui-là, il l'aime bien. Depuis qu'il travaille, il comprend jusqu'à quel point Luc a raison de vouloir se battre pour défendre sa langue. À la Dominion, tous les ouvriers sont canadiens-français et tous les patrons anglais. Les *foremen*, des francophones, parlent en anglais aux patrons. Des lèche-bottes, dirait son père.

Il en est là de ses réflexions lorsque surgissent devant lui trois jeeps de l'armée. Elles passent à toute vitesse, suivies de quatre camions couverts de toiles de camouflage. On se croirait dans un film de guerre. C'est bien la première fois de sa vie que Gaétan voit un tel défilé de militaires. Le convoi passe sous le pont Jacques-Cartier et prend à gauche sur De Lorimier. Encore un peu et on croirait voir débarquer le colonel Vandervoort ! Gaétan a toujours aimé ce personnage de John Wayne, dans le film *Le Jour le plus long*.

Il accélère le pas et tourne sur la rue Champlain. Le voilà devant les marches qui mènent au demi-sous-sol où habite la mère de Luc.

— Bonjour, madame Maheu ! claironne le garçon en entrant, l'air faussement insouciant.

La réaction de la mère est immédiate.

— Où est Luc ?

C'est la première fois qu'il vient la voir sans son ami.

Elle sent tout de suite que quelque chose cloche. La radio grésille dans la cuisine. On annonce une émission spéciale. Mme Maheu essaye de la régler au mieux. Gaétan prend une chaise et s'assoit face à la mère de Luc, qui lui fait signe de se taire, oubliant sa question. Tous les deux sont attentifs.

« *Vers quatre heures du matin, le gouvernement a pris des dispositions exceptionnelles. Il a proclamé la loi des mesures de guerre. Sept bataillons de l'armée canadienne se sont déployés au Québec pour protéger la population et les édifices gouvernementaux des activités terroristes. De nombreuses perquisitions et arrestations sont en cours. Le premier ministre du Québec devrait tenir une conférence de presse dans l'après-midi.* »

Mme Maheu se lève pour éteindre la radio. Un silence pesant s'installe. Le garçon ne sait pas par où commencer. Elle finit par lui dire :

— La nouvelle tourne en boucle depuis des heures. Les journalistes disent qu'il y a de nombreuses perquisitions et que la police arrête n'importe qui.

Gaétan hoche la tête en soupirant, puis décrit en quelques mots l'arrivée des policiers et l'arrestation de son ami.

— Les policiers avaient raison à propos de la loi, mais pourquoi ils ont arrêté Luc ? C'est pas un terroriste !

Alors que Gaétan avoue qu'il n'y comprend rien, la colère surgit dans les yeux de la mère. Aussitôt qu'il se tait, elle se lève, jette un chandail sur ses épaules et se dirige vers la porte. Puis, elle se retourne vers le garçon.

— Je vais à Parthenais. Ils garderont pas mon fils longtemps. Tu viens ?

Gaétan hésite, surpris par cette révolte soudaine, mais il se lève et la suit. Après tout, elle a raison. Luc est innocent. Il s'agit d'une erreur. Il suffit d'aller l'expliquer aux policiers et ils le laisseront sortir.

Tous deux montent la rue Champlain d'un pas déterminé. Ils prennent Ontario jusqu'à la rue Parthenais. Devant eux se dresse l'immense édifice de la Sûreté du Québec, écrasant de ses quinze étages les maisons du quartier. Il est flambant neuf, énorme et imposant. À mi-hauteur, deux étages sont sans fenêtres.

— C'est là qu'est la prison, explique Mme Maheu. Le reste, c'est des bureaux.

— Ça en prend, des fonctionnaires, pour s'occuper des bandits, ironise Gaétan.

— On dirait qu'aujourd'hui le pauvre monde les intéresse plus que les criminels. J'imagine qu'il faut rentabiliser l'investissement et montrer que tout ça sert à quelque chose…

Devant l'entrée, une dizaine de militaires, mitraillette au poing, font les cent pas. En face, des enfants du quartier les observent, impressionnés par leurs vêtements de combat et leurs armes. Ils hésitent entre l'insolence et la crainte.

La mère de Luc s'approche de l'entrée. Deux soldats

lui barrent le chemin de leur mitraillette. Elle leur explique que son fils a été arrêté. Qu'il y a erreur sur la personne. Qu'elle veut voir un responsable. Rien n'y fait, les soldats ne bougent pas. Mme Maheu perd patience et hausse le ton.

— Est-ce que mon fils est ici ? Je veux savoir ! Vous avez pas le droit de le garder !

Les deux militaires restent imperturbables. Quelques policiers sortent du bâtiment. Gaétan craint que la situation ne dégénère. Il tire par la manche la mère de Luc.

— Venez, madame Maheu. On a rien à faire ici, ils nous diront rien. Venez.

— J'ai le droit de savoir où est mon fils, s'obstine-t-elle.

— Non, madame, rétorque brutalement un des policiers. C'est la loi des mesures de guerre et on a le droit de garder qui on veut le temps nécessaire à l'enquête. Il y aura aucun contact avec les prisonniers.

— Mais mon fils est innocent.

— Ça, c'est vous qui le dites. S'il a été arrêté, c'est qu'il y a une raison. Maintenant, partez.

— Où est mon fils ?

— Madame, c'est la dernière fois que je vous le dis. Si je vous rentre en dedans, ce sera pas pour voir votre fils !

La voix est ferme et le regard, implacable. Mme Maheu comprend qu'il n'y a rien à faire, mais elle continue de vociférer.

— Maudits chiens sales ! Maudits sans-cœurs !

Le policier ne s'occupe plus d'elle. Il se dirige vers le groupe d'enfants, de plus en plus nombreux.

— Dégagez ! Dégagez ! Il y a rien à voir.

Les soldats font mine de s'approcher d'eux, et c'est la débandade. Comme une volée de moineaux qui s'enfuit.

Les policiers retournent dans l'édifice. Mme Maheu se calme tant bien que mal, et Gaétan la prend par la main.

— Venez, je vous raccompagne. Il y a plus rien à faire ici.

La femme ne dit rien. Mais sa colère gronde, prête à exploser à la première occasion.

Gaétan se dit que son ami est bien le fils de sa mère.

Il est presque cinq heures de l'après-midi lorsque Gaétan finit par rentrer chez lui. Le salon est plein à craquer. On dirait que tout le quartier est venu regarder la télévision chez les Simard.

Le père de Gaétan bouge dans tous les sens les fameuses oreilles de lapin qu'il a bricolées pour le téléviseur. Il cherche à éliminer la neige qui trouble l'image.

— C'est beau, Pierre ! Bouge plus, dit un des voisins.

— Heille, je vais pas rester de même !

— Si tu lâches, on voit plus rien.

Le père finit par déposer délicatement l'antenne sur le rebord de la fenêtre. L'image en noir et blanc s'éclaircit tout à coup.

— Bravo, le père !

— Taisez-vous, ça va commencer ! Chut !

À l'écran apparaît le premier ministre du Québec, Robert Bourassa, avec son petit air guindé. Tous se taisent.

« *Les événements du Québec, ces derniers jours, ont démontré d'une façon certaine que le plein exercice des libertés fondamentales exigeait que des limites soient apportées, en certaines occasions du moins, pour assurer le fonctionnement normal en régime démocratique.*

« *J'ai attendu jusqu'à l'extrême limite pour réclamer d'Ottawa l'appellation des pouvoirs d'urgence, mais au moment même où les risques d'anarchie paraissaient prendre une nouvelle dimension, j'ai décidé d'agir de façon rapide et ferme. C'est avec énormément de réticence que j'ai décidé d'avoir recours à des mesures exceptionnelles. Je n'avais pas le choix. Le FLQ s'apprête à passer aux assassinats collectifs, quatrième étape d'un plan préétabli.* »

Un journaliste demande combien de temps ces mesures seront en vigueur.

« *Tout dépendra, évidemment, des résultats des gestes posés, mais j'espère que l'application de ces mesures sera aussi limitée que possible dans le temps.* »

— Pas croyable... Notre propre premier ministre qui fait appel à l'armée canadienne pour trois bozos qui ont fait des niaiseries. Si on fait l'indépendance, qu'est-ce que ça va être ? gronde le père.

— Tes trois bozos ont quand même enlevé un diplomate pis un ministre, réplique un des voisins.

— Un pourri qui travaille avec la mafia.

— Coudonc, le père, t'es avec le FLQ ? Attention, ils vont venir t'arrêter, dit Gaétan en riant.

— Dis pas des choses de même, murmure sa mère, que tous ces événements angoissent.

La conférence de presse est terminée, et les images montrent les militaires en faction devant des immeubles du gouvernement.

— Mais c'est la mairie de Montréal ! Ils ont peur qu'on s'en prenne au maire Drapeau ! s'exclame le père, narquois. Ils ont ben raison de le protéger !

— Quant à moi, il peut ben avoir peur, cet ostie-là ! Je pleurerai pas sur son sort. Il détruit notre quartier, pis il faudrait qu'on soit fins en plus. En tout cas, lui, il aura pas mon vote, commente un autre voisin.

— Enlever du monde, ç'a pas de maudit bon sens, marmonne la mère.

— Pis pourquoi ? On est juste une gang de peureux. Regarde Bourassa, il est allé demander de l'aide à Trudeau. Il est même pas capable de régler ses affaires tout seul.

— Pierre, tu dis n'importe quoi ! C'est la vie de deux hommes qui est en jeu ! Imagine leur famille.

— Pis nous, nos familles, quand on est sur le chômage et qu'on est expulsés de notre quartier, qui s'en occupe ?

Le ton monte, et Gaétan se dit qu'encore une fois ça va mal finir. C'est pour ça qu'il ne s'occupe jamais de politique. Le père de Gaétan s'énerve vite, et la chicane n'est jamais loin. Depuis qu'il a perdu son travail de débardeur, il en veut à la terre entière.

Le salon se vide peu à peu. Le père de Gaétan et trois voisins décident d'aller finir la discussion à la taverne, au grand soulagement de sa femme. Les enfants retournent jouer dans la ruelle.

— Moi, je me couche, annonce Gaétan à sa mère. Je suis mort.

Il a décidé qu'il ne dirait rien de l'arrestation de Luc. Assez de chicanes de famille pour aujourd'hui.

3

Samedi 17 octobre

Gaétan est tiré de son sommeil par les cris de son père. Les deux lits superposés sont vides. Ses frères ne sont plus dans la chambre. Il ne les a entendus ni se coucher ni se lever. Il fait jour. Il a certainement fait le tour du cadran.

Une voix nasillarde parvient jusqu'à lui. Elle vient de la télé.

« *Ces ravisseurs en effet auraient pu s'emparer de n'importe qui : de vous, de moi, ou même d'un enfant…* »

Qui est en train de dire une telle énormité ? Le garçon enfile son t-shirt et ses jeans et va au salon. Son père est déjà installé sur le sofa, une bière entre les jambes.

— Regarde : l'épouvantail qui est censé nous gouverner a décidé de faire peur au monde. Il dit qu'il pourrait y avoir une insurrection.

Au centre du petit écran, Gaétan reconnaît Trudeau. Le premier ministre du Canada est en train d'expliquer de sa voix froide et coupante sa décision de décréter la loi des mesures de guerre.

« *Demain, la victime aurait été un gérant de caisse populaire, un fermier, un enfant…* »

— Il sait pas de quoi il parle ! Les gars du FLQ s'attaquent aux hommes politiques, pas à n'importe qui.

— T'en connais, papa ?

— Non, mais je connais pas mal de jeunes qui sont en beau maudit. Ils trouvent que la politique avance pas. Aux dernières élections, le PQ a presque pas remporté de sièges par rapport au nombre de votes qu'il a eus. Comme dit Lévesque, on est dans une maison de fous où on se moque de nous. On est écœurés de toujours quêter des pouvoirs à Ottawa.

Gaétan endure mal les colères de son père. Mais il aime encore moins l'air hautain, prétentieux et insensible de l'homme qui parle à la télévision. Son regard est celui d'un serpent. Et puis ses phrases bien tournées semblent sorties de nulle part — en tout cas, certainement pas du Faubourg à m'lasse.

— Pis, ça fait du bien de dormir ? lui demande sa mère de la cuisine. Il reste du café, t'en veux ?

Gaétan va la rejoindre.

— Oui, pis je prendrais aussi des œufs au bacon. J'ai faim. Les petits sont déjà dans la ruelle ?

— Oui, les chanceux. Moi aussi, j'aurais besoin de prendre l'air, j'en peux plus d'écouter les nouvelles. Ton père lâche pas sa maudite télé depuis les enlèvements. Plus tôt ils les arrêteront, mieux ça vaudra pour nous. Tout ça a pas de bon sens.

Gaétan ne répond pas. Il ne veut pas se retrouver pris dans une chicane entre son père et sa mère. Ces derniers temps, à la moindre occasion, c'est l'explosion.

Depuis le printemps dernier, son père fait partie d'une association du quartier. Les démolitions sont si nombreuses dans le Faubourg que les habitants ont l'impression de sortir d'une guerre ou d'avoir subi à leur tour le Grand Dérangement des Acadiens. Les commerces ferment les uns après les autres. L'épicerie de M. Pintal, au coin des rues Sainte-Catherine et de la Visitation, est elle aussi sur le point de fermer. On ne compte plus les familles qui doivent se reloger. Même le stade De Lorimier, où tout le quartier allait voir les parties de baseball des célèbres Royaux de Montréal, a été rasé.

Son père rappelle souvent qu'au moment de l'Exposition universelle, le maire Drapeau a fait ériger des panneaux publicitaires pour masquer les taudis aux touristes en attendant de les détruire et de vendre les terrains aux spéculateurs. C'est toujours pareil : les quartiers populaires ne méritent aucune considération.

« On leur fait honte ! » répète-t-il.

Depuis qu'il est au chômage, il consacre donc tout son temps à travailler pour que le maire soit battu aux prochaines élections. Celles-ci doivent avoir lieu dans quelques jours. Avec les derniers événements, il a les nerfs à fleur de peau.

Mais toute cette énergie dépensée à militer ne ramène pas d'argent à la maison. Et la mère trouve les temps difficiles.

— Mon homme, c'est un pelleteux de nuages ! soupire-t-elle souvent.

Sitôt son déjeuner avalé, Gaétan repasse chez la mère de Luc pour voir s'il y a du nouveau. Un message est collé dans la fenêtre de la porte : *Luc est toujours pas rentré, je retourne voir à Parthenais.*

Connaissant Mme Maheu, Gaétan se dit qu'elle va être là chaque jour. Tant qu'elle n'aura pas de nouvelles de son fils, ils vont l'avoir sur le dos.

Le garçon longe la rue Sainte-Catherine, la rue la plus commerciale du quartier. Les vitrines des magasins sont décorées de citrouilles, de sorcières et de squelettes sur fond de toiles d'araignée. Dans deux semaines, ce sera l'Halloween. Depuis deux ans, Gaétan ne se déguise plus — il est trop vieux —, mais il ne manquerait cette soirée pour rien au monde. Alors, il aide ses deux frères à préparer leur déguisement et les accompagne de porte en porte. Pour Gaétan, cette fête est la plus belle de l'année. Il salive déjà en pensant à tous les Kiss qu'il va engloutir.

Devant le métro Beaudry, quatre militaires font le guet.

« On dirait qu'ils sont déjà déguisés, se dit-il. Les bonbons vont avoir un drôle de goût cette année. »

Au kiosque à journaux en face du métro, les titres à la une du *Journal de Montréal* attirent son regard : « 250 arrestations en un jour ! » « Pauline Julien aussi y a goûté ».

« Une chanteuse ! Sont devenus fous ! »

Jusqu'à l'arrestation de Luc, Gaétan n'avait pas prêté attention à l'enchaînement des événements. Soudainement, tout ça lui semble insensé. Il a commencé à travailler au moment où le premier enlèvement a eu lieu, celui du diplomate anglais James Cross, et n'a pas trop réalisé ce qui se passait. Et puis, comme il travaille la nuit et dort le jour, à l'envers de tout le monde, il n'a pas vu la situation s'aggraver.

Pour la première fois de sa vie, il décide d'acheter un journal.

« Dix cennes pour essayer de comprendre ce qui se passe, ça me ruinera pas. »

Au coin de Saint-Denis et Viger se dresse l'immeuble de la CSN. C'est là que travaille Paul, l'ami de Luc qu'il doit prévenir. Mais c'est samedi, et il n'y a personne à la réception. Gaétan s'approche de l'ascenseur.

Une liste des responsables est affichée. Il réalise qu'il ne connaît même pas son nom de famille. De toute façon, il n'y a aucun Paul parmi les prénoms.

Dernièrement, Gaétan a croisé Paul chez son ami. Luc lui a alors raconté qu'il a fait la connaissance de ce syndicaliste sur une ligne de piquetage. Paul distribuait des tracts qui réclamaient le droit de travailler en français. Alors a germé en Luc l'idée de changer d'affiliation syndicale, de passer de la FTQ à la CSN. Mais ce ne serait pas une mince tâche que de convaincre les autres travailleurs. Aussi Paul a-t-il proposé à Luc de participer à des réunions de formation syndicale pour se faire expliquer les lois du travail.

« Vouloir travailler dans sa langue, c'est juste normal », répète souvent Luc.

Deux hommes sortent soudainement de l'ascenseur, qui reste ouvert devant lui. Il y entre machinalement, mais pour aller où, dans quel bureau et à quel étage ? Gaétan ressort et rattrape les deux hommes.

— 'Scusez-moi, connaissez-vous un Paul ?

— Des Paul, y en a beaucoup, mon gars.

— Je connais pas son nom de famille, mais il a les cheveux roux.

— Celui-là ! Ça fait une couple de semaines que je l'ai pas vu.

— Je pense qu'il est parti en Abitibi pour syndiquer des travailleurs, explique son collègue.

Dépité, Gaétan sort de l'immeuble et va s'asseoir sur les marches de l'église Saint-Sauveur, juste en face. Il ouvre son journal.

Absorbé par sa lecture, il ne remarque pas qu'une jeune fille s'assoit derrière lui. Elle tend le cou pour lire par-dessus son épaule.

— Alors, qu'est-ce qu'il raconte, ton journal ?

Gaétan se retourne et rougit en voyant la jeune fille si près de lui. De grands yeux noirs, des cheveux très courts et une cape qui l'enveloppe tout entière. On la dirait sortie d'un livre d'images.

— T'as perdu ta langue ? Enfin le Québec bouge ! Tu trouves pas ça *too much* ?

— Ça t'excite, toi, les soldats dans les rues ?

— Ça, c'est pour nous faire peur. Nous, les étudiants, on fait la grève pour soutenir les prisonniers politiques.

— Des prisonniers politiques ?

— Mais tu sors d'où ?

— J'habite le Faubourg à m'lasse et je suis ouvrier à la Dominion Textile. Ça te dérange ?

— Je voulais pas te vexer !

— Trop tard !

Gaétan plie son journal et commence à remonter la rue Saint-Denis.

— Elle est peut-être *cute*, mais elle se prend pour une autre, bougonne-t-il en marchant.

Au coin de Saint-Catherine et Berri, il se retourne et voit un bout de cape noire se glisser par la porte de la station de métro.

4

Dimanche 18 octobre

Encore endormi, Gaétan pousse la porte du dépanneur. Il sortait à peine sorti du lit que son père l'envoyait acheter une caisse de vingt-quatre. Le garçon se traîne, la tête vide.

La radio crache une publicité agressive de Kik Cola. Ensuite, c'est le bulletin de nouvelles.

« *Ici CKAC, voici les derniers développements dans l'affaire des enlèvements. Le corps du ministre du Travail Pierre Laporte a été retrouvé dans la malle arrière d'une voiture découverte hier soir vers minuit sur le terrain de la base militaire de Saint-Hubert. Dans la soirée, CKAC avait reçu un appel anonyme annonçant qu'un communiqué avait été posé dans le hall d'entrée de la salle Port-Royal de la Place des Arts de Montréal. Notre reporter Michel Saint-Louis, envoyé sur les lieux, a trouvé le communiqué confirmant l'exécution du ministre et indiquant l'endroit où se trou-*

vait le corps. Le document a été remis aussitôt à la Sûreté du Québec. À 23 h 45 précises, les experts en explosifs de la Sûreté ouvraient le coffre d'une Chevrolet verte. Un cadavre identifié comme étant celui de M. Laporte se trouvait bien à l'intérieur. La voiture avait été abandonnée sur le terrain militaire de Saint-Hubert, sur la rive sud. Une émission spéciale en hommage au ministre Pierre Laporte suit ce bulletin de nouvelles. Restez à l'écoute de CKAC, le numéro un de l'information. »

Derrière son comptoir, au milieu des boîtes multicolores de bonbons à une cenne, M. Pintal, le patron de l'épicerie, reste imperturbable. Il a déjà eu le temps de digérer la nouvelle : elle a tourné toute la nuit.

Un groupe de jeunes échevelés pénètre dans l'épicerie en se bousculant. L'un deux porte une pile de tracts. Il en tend un à l'épicier et dépose les autres sur le comptoir. M. Pintal sort de son silence.

— Enlève tes torchons de mon comptoir. Tu te trompes d'adresse.

— Vous êtes pour la loi des mesures de guerre ? pour un gouvernement qui nie la démocratie ? pour les arrestations massives ? contre la liberté d'expression ?

— Ça suffit ! Sors d'ici, mon p'tit crisse ! Tu sauras que je suis contre ceux qui assassinent des ministres.

Le jeune homme n'insiste pas, et le groupe repart distribuer ses tracts ailleurs. Gaétan les regarde s'éloigner à travers la vitrine. Les jeunes glissent leurs papiers dans chaque boîte aux lettres tout au long de la rue de la Visitation.

Discrètement, le garçon ramasse un tract tombé par terre. On y annonce une assemblée publique lundi soir, au théâtre du cégep du Vieux-Montréal. Pendant qu'il le lit, le haut-parleur de la vieille radio se met à diffuser un bulletin spécial :

« *Dans l'intérêt de l'information et de nos auditeurs, CKAC a décidé de diffuser le contenu du communiqué retrouvé hier soir à la Place des Arts : "Face à l'arrogance du gouvernement fédéral et de son valet Bourassa, face à leur mauvaise foi évidente, le FLQ a donc décidé de passer aux actes. Pierre Laporte, ministre du Chômage et de l'Assimilation, a été exécuté à 6 h 16 ce soir par la cellule Dieppe (Royal 22e). Vous trouverez le corps dans le coffre du Chevrolet vert (9j-2420) à la base de Saint-Hubert. Nous vaincrons ! FLQ."*

« *En post-scriptum, les auteurs du communiqué ont rajouté : "Les exploiteurs du peuple québécois n'ont qu'à bien se tenir."*

« *Afin de clarifier la situation, nous tenons à préciser que les autorités sont toujours sans nouvelles de M. Richard Cross, le diplomate britannique enlevé.* »

Encore rouge de colère, M. Pintal rend la monnaie à Gaétan.

— Toi, au moins, tu travailles. T'es pas comme ces petits morveux d'étudiants qui se laissent pousser les cheveux pis la barbe. C'est juste un ramassis de pouilleux, pis ils viennent nous dire quoi faire ! Ils soutiennent les terroristes, ils veulent faire la révolution. Heureusement que la police et l'armée font leur travail. Je t'enverrais tout ça en prison, moi !

Le garçon prend sa caisse de bière à deux mains et sort sans répondre.

Le doute s'insinue soudain en lui. Luc, son meilleur ami, peut-il être mêlé à toute cette affaire ? Pourquoi la police l'a-t-elle arrêté ? Les rares discussions politiques qu'ils ont eues ensemble lui reviennent. Luc, révolté par l'exploitation des ouvriers francophones, lui expliquait alors la nécessité de faire l'indépendance du Québec.

Gaétan cherche dans sa mémoire un indice qui pourrait rattacher son ami au FLQ. Mais il n'en trouve aucun. Luc est seulement une victime parmi tant d'autres des arrestations arbitraires. « S'ils arrêtent les chanteurs, ils peuvent bien arrêter un simple ouvrier », essaie de se raisonner le garçon.

Gaétan dépose la caisse aux pieds de son père.

— Tiens, le père, ta réserve ! Tu sais ce qu'ils ont fait ?

Son père lui jette un regard noir.

— C'est juste des barbares, continue Gaétan.

— Tu m'en reparleras quand t'auras trente ans d'usine dans le corps pis qu'ils te mettront à la porte.

— Ça excuse rien !

— Non, mais ça explique.

— Ç'a pas d'allure d'enlever du monde !

Alors que Gaétan se retourne pour sortir de la pièce, son père le retient.

— Reste !

Regardant son fils droit dans les yeux, il lui parle d'une voix étrangement calme.

— Tu sais, j'ai une autre façon que ta mère de m'occuper de vous autres. La révolte me sort de partout depuis que je peux plus nourrir ma famille normalement. Je suis pas un sans-cœur, tu le sais. Mais quand t'es obligé pour vivre de ravaler ta fierté et de faire les vidanges avant les vidangeurs, tu finis par t'aigrir. Les jobines, ça me connaît. Ce que je voudrais, c'est un vrai travail. Je suis un ouvrier, pas un quêteux. Ça fait que je me bats à ma façon. Quand je te vois entrer à l'usine et mettre tes pieds dans mes traces, ça me fait mal. Je sais trop ce qui va suivre. Pour moi, un gars qui pose des bombes, c'est juste un gars qui a dû travailler dans une shop pendant vingt ans et qui s'est fait crisser à la porte. Y a juste eu son voyage !

Il se tait. Gaétan reste sans voix. C'est la première fois que son père lui parle de cette manière. Depuis deux jours, le garçon a l'impression de s'enfoncer trop rapidement dans la vie d'adulte. Son enfance est en train de s'évanouir, et il ne sait plus trop où il en est.

En sortant de la maison pour aller à l'usine, Gaétan

croise sa mère. Elle revient du palais de justice, où est exposée en chapelle ardente la dépouille du ministre Laporte. Elle y a traîné ses frères.

— C'était ben émouvant ! J'ai fait une prière avec les enfants pour le pauvre homme. Il méritait pas ça. J'espère que les petits vont en tirer une leçon. La violence apporte rien, que du malheur. Comme dit Trudeau, le FLQ, c'est un cancer à déraciner.

Gaétan se sent comme une rondelle de baloney entre deux tranches de pain. Et cette position lui semble de plus en plus difficile à tenir.

5

Lundi 19 octobre

Une grosse bâtisse en pierres de taille grises se dresse sur la rue Sherbrooke. Gaétan hésite à y entrer. Lui qui n'a pas fini son secondaire a l'impression de pénétrer dans un lieu qui n'est pas pour lui. Le bâtiment où il se rend chaque jour est en briques rouges, avec de grandes cheminées.

Il tient à la main le tract qu'il a ramassé à l'épicerie. Il a décidé de venir voir de plus près ces étudiants chevelus qui traînent de plus en plus souvent dans son quartier.

Un groupe de jeunes arrive. Ils ressemblent tous au pouilleux de l'épicerie. Ils parlent fort, gesticulent. Gaétan se laisse emporter vers la salle où se tient le rassemblement. Elle est déjà comble. Les places assises, de confortables fauteuils de velours rouge, sont toutes occupées. Certains s'installent par terre devant la scène, d'autres s'entassent debout sur les côtés. Même les balcons aux balustrades en fer forgé sont bondés. Un instant, Gaétan admire le lieu.

Le plafond est soutenu par de belles grosses poutres de fer ouvragées. Un épais rideau rouge encadre la scène, où les orateurs, assis à une table, révisent leur discours. Derrière eux, un décor défraîchi de paysage exotique est encore accroché, vestige sans doute du dernier spectacle étudiant. Un brouhaha remplit la salle, des volutes de fumée montent vers le plafond.

Un premier orateur se lève pour réclamer le silence.

— Camarades, nous vivons des journées historiques. Depuis quelque temps, des événements sans précédent se déroulent sous nos yeux. Enlèvements et assassinat politiques, arrestations massives, invasion de notre ville par l'armée canadienne…

Un cri de protestation unanime s'élève de la salle.

— Nous, étudiants du cégep du Vieux-Montréal, devons décider quelle est la meilleure attitude à adopter face à ces événements. Pour prendre une décision éclairée, nous avons invité différents acteurs de la scène politique. Malheureusement, certains de nos invités ne sont pas présents, car ils ont été arrêtés vendredi dernier à l'aube…

Une autre clameur s'élève. Plusieurs étudiants brandissent le poing gauche.

— Je veux vous informer qu'une centaine d'étudiants québécois à Paris ont décidé d'occuper les locaux de la Maison du Canada afin de montrer leur appui au manifeste du FLQ et de dénoncer l'état d'exception fondé sur la loi des mesures de guerre. Notre lutte a désormais une portée internationale…

Mais Gaétan n'écoute plus. Il vient d'apercevoir, parmi un groupe au fond de la salle, une grande cape noire. Sans réfléchir, il se faufile jusque-là.

C'est bien elle, la fille qu'il a croisée samedi sur les marches de l'église. Avec ses cheveux courts et ses immenses boucles d'oreilles, elle attire le regard. Elle ne l'a pas encore vu, et Gaétan l'observe à la dérobée. Elle écoute les discours avec attention. Elle approuve ou désapprouve, applaudit ou hue l'orateur. Ses yeux pétillent.

Gaétan voudrait l'aborder, mais il sent bien que ce n'est pas le moment. L'orateur termine son discours sous un tonnerre d'applaudissements.

— Vive le Québec libre !

— Le Québec aux Québécois !

— Le FLQ vaincra !

À ces derniers mots, la belle unanimité de la foule se brise. Un groupe reprend en chœur le slogan d'appui au FLQ, l'autre siffle. Plusieurs étudiants se lèvent pour manifester leur désapprobation. Des voix s'élèvent :

« On ne peut pas appuyer des assassins ! »

C'est la confusion générale.

Un jeune homme frisé monte sur la scène et essaie de rétablir le calme.

— Je voudrais vous expliquer la position du Parti québécois sur les tragiques événements que nous vivons.

— Collaborateur !

— Taisez-vous, il a le droit de parler ! On est en démocratie !

— Indépendance !

Le micro à la main, il s'approche de l'avant-scène et commence à parler. Peu à peu, le calme se rétablit.

Gaétan approuve ces propos modérés, qui rappellent que René Lévesque a condamné, dans sa dernière conférence de presse, tout geste violent. Il a dénoncé ceux qui ont exécuté froidement et délibérément M. Laporte, éclaboussant ainsi l'ensemble des Québécois.

Il règne maintenant un silence attentif dans la salle. Ces paroles d'un homme politique respecté semblent toucher l'assistance. L'orateur conclut avec ces mots :

— On ne tue pas pour une cause, quelle qu'elle soit, tant qu'on est libre de la faire avancer démocratiquement.

C'est l'ovation. L'unanimité est de retour. Gaétan lui aussi applaudit à tout rompre. Il jette un œil vers la jeune fille. Elle semble moins enthousiaste que lui. Ses yeux balaient la foule, et leurs regards se croisent. Elle le dévisage un instant. Il lui envoie un petit signe de la main.

Elle lui répond par un magnifique sourire.

— Louise, lui dit un de ses voisins en prenant son bras, regarde qui est là.

Elle se retourne, puis se jette dans les bras du jeune homme qui vient d'arriver. Ils ont l'air heureux de se retrouver.

Gaétan, un soupçon dépité, regarde sa montre.

« De toute façon, se dit-il, c'est le temps de partir si je veux arriver à l'heure à la shop. J'en ai assez entendu. »

Il commence à se faufiler vers la sortie en pensant qu'au moins, maintenant, il connaît son nom. Elle étudie sans doute ici, mais l'a-t-elle vraiment reconnu ? Son instinct lui dit que oui.

Il se retrouve dans la froidure, seul. Il fait nuit. Ça lui prend tout son courage pour descendre la rue Sanguinet jusqu'à la station Berri-de-Montigny. Ce soir, le métro lui semble bien sinistre.

6

Mardi 20 octobre

— Es-tu retourné chez lui ? lui demande Mme Maheu.

— Ben non, pas depuis qu'ils l'ont embarqué, répond Gaétan, surpris par cette question.

— Hier soir, j'ai voulu aller faire du ménage à son appartement, dit-elle, mais j'ai vu de la lumière. J'ai pas osé monter. Au début, j'ai cru qu'il était revenu. Mais ils étaient deux, il y avait un homme et une femme. J'ai pas voulu faire l'écornifleuse. Je suis repartie tout de suite.

« Bizarre… Qui pourrait habiter chez Luc ? » réfléchit Gaétan.

Chaque jour, le garçon passe voir Mme Maheu au retour du travail pour avoir des nouvelles de son ami. Mais elle ne sait toujours rien, même si elle continue à faire le pied de grue devant Parthenais.

— L'homme que j'ai vu avait l'air plus petit et plus

gros que Luc. Et en plus, il fumait la pipe. Ça m'inquiète. Qui ça peut être ? Sais-tu si Luc a une blonde ?

— Non, je pense pas.

Gaétan devine l'inquiétude dans la voix de la mère de son ami, mais aussi un brin de curiosité. Mme Maheu a de la difficulté à accepter le départ de son fils et cherche toujours à en savoir un peu plus sur la vie qu'il mène loin d'elle. Mais plus elle lui posait des questions, moins il lui répondait.

Tout de même, cette histoire de visiteurs inconnus intrigue Gaétan.

— Je passerai ce soir pour voir s'il y a encore quelqu'un.

— Merci, t'es bien serviable. On sait jamais, c'est peut-être un robineux qui profite d'un appartement vide. En tout cas, j'attends de tes nouvelles. Je vais au bain Laviolette, tu fais un bout de chemin avec moi ?

— OK.

Depuis que Mme Maheu vit seule, elle trouve les journées longues. Dès qu'elle peut avoir de la compagnie, elle ne la lâche plus. Elle se met alors à raconter sa vie, à expliquer comment elle a élevé son fils toute seule. C'est sa grande fierté.

Luc, qui connaît toutes ses histoires par cœur, ne supporte plus ses radotages. Mais pour Gaétan, tout cela est nouveau. Il tend donc une oreille attentive, trouvant qu'elle a le tour de raconter des histoires, et elle en profite.

— Tu sais, Gaétan, je peux pas croire que Luc ait fait quelque chose de mal. Il a toujours été un bon garçon. Il est bien élevé, même s'il a pas connu son père. Le pauvre, il est mort d'un accident en déchargeant un bateau. Une caisse lui est tombée dessus. Je savais même pas que j'étais enceinte. On devait se marier au printemps.

Cela, Gaétan le sait depuis longtemps, mais il la laisse continuer.

— Les fins de mois étaient pas toujours faciles. Quand j'avais plus une cenne, je me trouvais des combines. Luc a jamais manqué de rien. Quand un chargement de mélasse arrivait au port, je me levais tôt et je prenais la rue Notre-Dame jusqu'aux réservoirs. Dans ce temps-là, j'habitais sur la rue Panet, là où ils ont tout démoli. Ça faisait un bon bout à marcher jusqu'à Frontenac. J'apportais plusieurs petits contenants. J'étais pas la seule à faire ça. Fallait arriver au bon moment et se faufiler à travers la clôture jusqu'au quai. À la fin du déchargement, l'opérateur de la grue laissait tomber un baril, comme sans faire exprès. Les femmes, on se précipitait toutes pour remplir nos contenants. Fallait faire vite. Les quais étaient surveillés. On n'avait pas le droit d'être là. Parfois, on revenait les mains vides. L'opérateur nous oubliait. Peut-être qu'on le surveillait. En tout cas, on a jamais su qui c'était. Mais cet homme-là a amélioré l'ordinaire des enfants du quartier.

Ils arrivent devant le bain Laviolette, avenue De Lorimier. Mme Maheu, qui n'a pas de salle de bain, vient faire sa toilette ici une fois par semaine. Le garçon la salue en lui promettant de venir lui faire son rapport le lendemain.

Mais Gaétan veut en avoir le cœur net tout de suite. Il se rend directement chez Luc et sonne. Pas de réponse. Il regarde à travers la fenêtre de la porte : tout est calme.

Il décide de passer par la ruelle. Prudent, il jette un œil à travers les carreaux de la cuisine. L'appartement est bien vide. Il entre.

Les restes d'un déjeuner traînent sur le comptoir de la cuisine. Le lit est défait. Il a pourtant tout remis en ordre vendredi avant de partir. La fournaise est allumée. Il ne touche à rien et ressort. Mme Maheu ne fabulait pas. Quelqu'un a bien passé la nuit ici, et tout indique qu'il va revenir. Gaétan décide de repasser ce soir afin d'en savoir plus.

Quelques heures plus tard, il est de retour. Une bruine glacée le fait frissonner. Il fait nuit.

— Maudite température pour jouer à James Bond ! grommelle-t-il.

Dès l'entrée de la ruelle, il voit de la lumière dans l'appartement de Luc. Il grimpe furtivement l'escalier en colimaçon et se faufile sur la galerie. Ce qu'il voit à travers la fenêtre le laisse stupéfait.

Un grand homme roux est en train de se faire à manger : c'est Paul, l'ami syndicaliste de Luc. Paralysé par sa découverte, Gaétan reste tapi dans l'ombre.

Paul met la table, et une jeune femme vient le rejoindre. Gaétan ne la connaît pas. Elle porte un peignoir en ratine et une serviette enroulée sur sa tête. Elle sort du bain, manifestement. Ils se mettent à table.

— Ils sont pas gênés, marmonne Gaétan, ils font comme chez eux !

Tout en mangeant un spaghetti, le couple écoute la radio. Par la fenêtre entrouverte, Gaétan entend le compte rendu des funérailles du ministre Pierre Laporte, qui a été enterré cet après-midi. La musique de veillée funèbre en fond sonore l'empêche de saisir ce qui se dit autour de la table.

Sur le comptoir traînent des articles de journaux découpés. Sur une feuille de papier, le garçon reconnaît le dessin d'un patriote avec sa tuque, sa pipe et son fusil. Le même que celui qu'il a vu la veille à la télévision, sur le manifeste du FLQ.

Des felquistes. Deux clandestins se cachent chez Luc.

Gaétan se souvient de chaque mot de Robert Bourassa, qui expliquait en conférence de presse que toute aide à des membres du FLQ était passible de poursuites.

Luc sait-il ce qui se passe chez lui ?

7

Mercredi 21 octobre

« Vivement la première tempête de neige. Au moins, ce sera vraiment l'hiver », songe Gaétan en marchant dans le matin brumeux.

Chaque année, une fois les feuilles tombées, l'attente de la neige lui semble interminable. Il déteste cet entre-saison. Du côté de la météo comme dans la vie, mieux vaut savoir à quoi s'en ternir. Or, en ce moment, son cerveau est aussi hésitant que le thermomètre.

L'image du patriote aperçu sur la table de Luc hier soir ne l'a pas quitté de tout son quart de travail. Entre le désir et la peur de savoir, Gaétan hésite. Retourner chez Luc pour demander des explications à Paul ou aller prévenir Mme Maheu ?

Lorsqu'il réussit à ne plus y penser, c'est la silhouette de Louise qu'il imagine. Son sourire s'est incrusté dans sa tête, y semant encore plus de confusion.

Finalement, il se résout à rentrer chez lui pour aller se reposer, repoussant du même coup sa décision.

« J'aurai peut-être les idées plus claires après avoir dormi quelques heures », se dit-il pour se convaincre.

Il rentre chez lui du pas déterminé de celui qui a résolu un problème difficile. L'appartement est vide et silencieux : pas de radio allumée dans la cuisine, pas de télévision dans le salon. Son père et sa mère ne sont pas là. Sans se poser de questions sur cette étrange absence, il se dirige vers sa chambre comme un bienheureux.

Il est sur le point de se glisser dans son lit lorsque la sonnette retentit. Il va ouvrir en maugréant et se retrouve face à face avec Mme Maheu.

— T'es pas passé me voir, ça fait que je viens aux nouvelles.

Gaétan se sent pris les culottes baissées.

— Attendez, j'arrive !

Il ne veut surtout pas que ses parents la croisent s'ils s'avisaient de rentrer bientôt. Il se rhabille rapidement, pousse un soupir dépité en pensant à son lit et tire la porte derrière lui.

— On va chez vous. Excusez, je suis tellement magané, je voulais dormir un peu avant de venir vous voir.

Gaétan essaie de gagner du temps, ne sachant pas encore s'il va lui dire la vérité.

— Je t'avais préparé des muffins et du café, lui dit-elle d'un ton contrarié.

Gaétan est penaud. Qu'a-t-il donc, aussi, à toujours vouloir rendre service ? Après, ça ne finit plus, et ça vous retombe dessus !

Assis devant un café fumant, la bouche pleine d'un délicieux muffin au son débordant de raisins secs, il finit par lui expliquer ce qu'il a vu la veille. Il lui dit ce qu'il sait au sujet de Paul, en omettant toutefois d'évoquer la présence de la jeune femme.

— C'est un ami de Luc, un syndicaliste qui travaille pour la CSN. Luc veut changer l'affiliation du syndicat de la Dominion. Il trouve que les unions américaines font rien pour les Canadiens français. Leurs représentants parlent même pas français. Ils comprennent pas nos problèmes. Paul lui a dit qu'il pouvait l'aider.

À sa grande surprise, Mme Maheu approuve.

— Il a bien raison. Moi, j'ai arrêté de travailler à cause de ça. J'ai travaillé en anglais toute ma vie et j'étais après devenir folle. Je faisais la comptabilité dans une petite compagnie de pièces de vélos. Je préparais les fiches de paye. On était tous des Canadiens français, à part quelques Italiens. Pis tout se faisait en anglais ! C'est pas normal de passer sa vie en anglais pour un salaire de misère. C'était rendu que même la nuit je rêvais en anglais. À la fin, je faisais des cauchemars où j'arrivais plus à trouver mes mots. Il y avait que des bredouillements qui sortaient de ma bouche, un mélange d'anglais et de français. C'était épouvantable, j'étais tellement à l'envers. Quand Luc a été assez grand pour travailler, j'ai tout lâché. Je préfère vivre pauvre, mais dans ma langue. Depuis ce temps-là, j'ai plus dit un seul mot d'anglais, et j'en dirai pas un maudit avant ma mort. J'en ai assez dit à la job.

Ébahi, Gaétan l'écoute avec attention. Il comprend que, sur ce sujet, la mère et le fils sont à l'unisson.

— Finalement, conclut-elle, peut-être que Paul a besoin d'un endroit pour dormir et que Luc lui a donné la permission de rester chez lui. Si c'est un ami, on a pas à s'inquiéter.

En la quittant, Gaétan donne raison à Mme Maheu d'avoir confiance en son fils. Ils n'ont pas à s'en mêler.

La brume glaciale s'est dissipée, et le soleil brille maintenant dans un ciel pur. Gaétan n'a plus envie de retourner se coucher. Il décide d'aller se promener. Il monte la côte Cartier et s'enfonce dans le parc La Fontaine. Il respire à pleins poumons l'odeur de feuilles et d'herbe mouillée. Il y a des plaques de givre ici et là. Un écureuil s'approche de lui pour quêter une pinotte. Mais ses poches sont vides.

D'habitude, à cette époque de l'année, son père part à la chasse. L'an passé, Gaétan l'a accompagné pour la première fois. Il a même dû manquer quelques jours d'école. « La chasse, c'est la meilleure école », avait dit son père pour justifier son absence.

Mais cette année, avec tous ces événements, il n'a même pas évoqué la possibilité d'y aller. Pourtant, Gaétan y serait bien retourné. Son père est un bon chasseur, il ramène presque toujours son chevreuil. Il n'a jamais manqué une saison. C'est donc une première cette année.

D'ordinaire, il s'organise avec ses amis débardeurs. Tous gardent leurs semaines de vacances pour l'automne. Ce séjour au fond des bois avec ses anciens camarades de travail est sacré.

L'automne dernier, Gaétan avait donc pris la route du Nord avec eux. Ils avaient roulé pendant cinq heures dans une minoune si vieille que, là où il était assis, sur la banquette arrière, le garçon voyait la route défiler entre ses pieds.

Après s'être fait secouer sur des chemins de terre à travers le parc de La Vérendrye, ils étaient enfin arrivés au bord d'un lac. Une cabane en bois rond les y attendait.

« Ici, on vit comme les sauvages. Comme les descendants des coureurs des bois qui ont découvert l'Amérique pis marché le continent. Ici, on est loin de la ville, des femmes, des *boss* pis des Anglais. Je te présente le paradis ! » lui avait déclaré son père en arrivant.

Le garçon avait gardé un souvenir impérissable des heures passées à l'affût dans le froid glacial du petit matin, guettant l'apparition d'un panache à travers les épinettes noires. Sans oublier le silence de la nuit bruissant de mille frôlements et chuchotements qui lui avaient empli la tête de bêtes imaginaires.

C'était aussi pendant ce séjour qu'il avait pris ses premières Molson, sa première brosse. Rite initiatique dont son père avait gardé le secret.

Le dernier soir, ils avaient fait un immense feu de camp au bord du lac pour faire cuire des fèves au lard. Ils avaient enfoui le chaudron de fonte dans le sable, sous les cendres du feu. Le lendemain, elles étaient prêtes pour le déjeuner. Les meilleures fèves au lard qu'il ait jamais mangées. Rien que d'y penser, il en avait l'eau à la bouche.

Et, bien sûr, son père avait ramené un chevreuil, attaché sur le toit de la voiture. Trophée qui, comme chaque année, avait suscité l'admiration de toute la ruelle.

Cette semaine inoubliable a été une des rares escapades de Gaétan hors de la ville.

Sa forêt habituelle, c'est plutôt le parc La Fontaine. Il aime bien s'y promener, surtout en cette période de l'année où il n'y a pas grand-monde. Les canards ont été mis à l'abri pour l'hiver, le Jardin des Merveilles est fermé et les écureuils se font rares. Il ne reste que les éternels pigeons. Ceux-là sont à toute épreuve, ils résistent au pire coup de froid.

Mais maintenant qu'il connaît la vraie forêt, le parc lui semble bien dégarni. Un piètre jardin pour celui qui a découvert la forêt sauvage et démesurée du Nord.

Gaétan sort du parc, morose.

Près de la bibliothèque, un groupe de jeunes barbus assis sur les marches fument et discutent bruyamment.

Gaétan pense à Louise.

8

Jeudi 22 octobre

— T'achètes le journal à c't'heure ?

Sa mère lui tend son assiette, le regard inquisiteur. Son fils ne va pas se mettre lui aussi à s'occuper de politique !

Gaétan dévore ses toasts au beurre de pinottes en lisant un article du *Journal de Montréal* au titre accrocheur : « Le sang coulera si le FRAP est élu à Montréal ».

Un autre article rapporte que Jean Marchand, ministre fédéral, a déclaré dans une interview à Vancouver que le FRAP sert de couverture au FLQ.

Gaétan repousse le journal, écœuré de ces propos outranciers. Ce n'est pas parce que le Front d'action politique est composé de syndicalistes et des gens des quartiers populaires de la ville qu'il est nécessairement lié au FLQ. Décidément, les politiciens ne vivent pas dans le même pays que lui. Les élections à la mairie sont dans trois jours, et tous les moyens semblent bons pour faire peur à la population.

— C'est des écœurants !

— Tu parles comme ton père.

— Il a raison d'être contre Drapeau, qui détruit le quartier. Il est en colère de pas avoir d'ouvrage. Il en a gros sur le cœur, mais c'est pas un terroriste pour autant.

Sa mère le regarde, ahurie. C'est la première fois que Gaétan prend la défense de son père. Elle se laisse tomber sur sa chaise. Elle qui a toujours essayé de le préserver des idées de son mari…

— Tu vas finir comme lui !

— Pis après ? Le père, il se bat encore. Il pourrait noyer sa vie dans la bière et passer ses journées à la taverne comme les autres.

— C'est toujours la même maudite affaire. Les gars se pensent plus fins, pis nous, on ramasse les pots cassés. C'est de la peine perdue.

Gaétan se lève brusquement, en renversant sa chaise, et sort. Il n'en peut plus des jérémiades de sa mère. Il a besoin d'air.

Il lui reste quelques heures à perdre avant de retourner travailler. Il veut en profiter pour se changer les idées.

Ses pas le mènent devant le cégep du Vieux-Montréal. Des jeunes entrent et sortent, les cours ont repris. Il observe leurs allées et venues de l'autre côté de la rue Sherbrooke. Trois étudiants, les bras chargés de tracts, s'installent devant l'entrée. Une jeune fille à la cape noire vient les rejoindre. Celle qu'il attendait sans se l'avouer.

Gaétan traverse la rue et fait mine de rentrer comme n'importe quel étudiant. Elle lui tend un tract, qu'il prend sans hésiter. Elle le reconnaît soudain.

— Je croyais que tu travaillais à l'usine.

— Je travaille de nuit.

— Ça doit pas être facile ! T'es parti vite, l'autre jour.

Gaétan jette un œil sur le papier. Il ne saisit pas vraiment le sens des mots qui y sont écrits : classe ouvrière, capitalisme, impérialisme, révolution… Pour lui, tout ça, c'est du charabia !

Devant son air sceptique, Louise réagit.

— Faut que je t'explique.

— C'est correct, je sais lire !

— C'est pas ce que je voulais dire.

Décidément, il n'est pas facile de se comprendre. Elle lui propose d'aller prendre un café à l'intérieur.

— Les gars finiront la distribution sans moi. Tu viens ?

Gaétan, bien qu'encore sur ses gardes, accepte. Il veut en savoir un peu plus sur cette fille étrange. Il la suit.

— C'est notre local, dit-elle fièrement en le faisant entrer dans une petite pièce tapissée d'affiches.

Une banderole est accrochée au mur du fond : *Continuons le combat ! Contre les mesures de guerre ! Québec libre !*

Des piles de tracts s'amoncellent sur les pupitres, pardessus les livres scolaires. Un polycopieur Gestetner trône sur un bureau à côté d'une machine à écrire.

— C'est comme ça qu'on étudie, au cégep ?

— Il y a pas que les cours qui comptent. On doit s'occuper aussi de politique lorsqu'on est instruit. T'es pas un fédéraliste à la Trudeau, au moins ?

Le garçon la regarde, narquois, et se demande qui est cette étudiante venue expliquer au monde ordinaire ce qui est bon pour lui. Comme si on n'avait pas assez des curés.

Il veut lui dire sa façon de penser, mais se ravise. Ce n'est pas le moment, s'il veut pouvoir prendre un café en sa compagnie.

Elle continue à parler avec les mêmes mots que ceux du tract. Il l'observe attentivement, mais il ne l'écoute pas vraiment. Il lui semble qu'elle parle en dépit du bon sens, dans une langue autre que la sienne, mais elle est si jolie à regarder dans son emportement qu'il ne dit rien. Il serait même prêt à acquiescer à ses paroles et à l'écouter encore longtemps. Le silence de Gaétan encourage la jeune fille.

Les trois garçons rentrent brusquement dans la pièce pour se ravitailler en tracts.

— Bon, tu viens, Louise ?

— J'arrive, je finis de lui expliquer notre action.

— Chanceux, t'as droit à des cours particuliers ! dit l'un d'eux, ironiquement, à Gaétan. Louise, si t'es tannée, je peux te remplacer.

— Laisse faire, Jacques. Il est pas du cégep.

— Il vient d'où ? C'est pas un agent infiltré, toujours ? demande le deuxième. En ce moment, il faut s'attendre à tout avec la police. Tu sais qu'à la première provocation, la direction va faire interdire notre groupe.

Louise hausse les épaules.

— T'es parano ! C'est moi qui lui ai dit de venir. Il travaille à la Dominion Textile.

Gaétan se sent mal à l'aise d'être le centre de l'attention et se demande s'il ne devrait pas partir tout de suite.

Le troisième garçon, qui a allumé la radio et écoute les informations, attire brusquement leur attention.

— Heille, les gars ! Les trois centrales syndicales se sont mises ensemble pour réclamer le retrait de la loi des mesures de guerre. Ils condamnent les actes du FLQ, mais demandent la libération de tous ceux qui ont été emprisonnés de façon arbitraire.

— Ouais ! Bravo ! Super !

Gaétan pense immédiatement à Luc, en espérant sa libération prochaine. Il se lève.

— Je dois y aller.

— Attends, je te raccompagne.

Louise semble soulagée de sortir de la pièce et de se retrouver seule avec lui.

— Tu reviens demain ?

— Je crois pas, lui répond le garçon, qui ne se sent pas à sa place au milieu des étudiants.

— Demain, c'est vendredi, et j'ai tout mon après-midi de libre. Viens me rejoindre, on ira se promener. Tu connais le café Le Chat Noir, pas loin d'ici, rue Sherbrooke ? J'y serai à partir d'une heure. Passe si tu veux.

— Peut-être…

9

Vendredi 23 octobre

Aujourd'hui, la température est tombée sous zéro. Le soleil brille. Le ciel est d'un bleu vif. L'air a été purifié de son humidité. L'horizon est découpé au couteau. Mais de là où se trouve Gaétan, la ville qui s'étale à ses pieds n'est pas vraiment la sienne. Bien sûr, au loin, il a reconnu les cheminées de la Dominion, qui dominent Saint-Henri ; plus loin encore, le fleuve ; et, à l'horizon, les montagnes des Cantons-de-l'Est.

Mais, pour atteindre ce sommet, il a traversé une partie de la ville dont il ignorait jusque-là l'existence.

Gaétan n'avait pas résisté longtemps au plaisir de revoir Louise. Après son quart de travail et quelques petites heures de sommeil, il était allé la rejoindre au Chat Noir, où elle l'attendait. En ce début d'après-midi, le café était presque vide. Assise seule dans un coin, elle était plongée dans un livre épais à la couverture verte. À son arrivée, elle avait déposé le livre sur la table, et il avait pu lire : *Nègres blancs d'Amérique.*

— C'est qui ça, les Nègres blancs ?

— Ben, c'est toi et moi, nous autres ! Ici, les Canadiens français ont toujours les pires jobs. On vit dans les quartiers les plus miteux, et les boss sont toujours anglais.

— T'as besoin de lire un livre pour le savoir ? Encore un autre, je gage, qui veut faire la révolution !

Louise avait ignoré sa remarque et changé de sujet.

— Veux-tu aller voir le parc aux oiseaux ?

— C'est où ? Je connais pas.

— C'est dans le quartier Westmount.

— Je suis jamais allé dans ce coin-là de la ville.

— En haut, il y a un parc que personne connaît. Enfin, presque... La vue sur Montréal est magnifique. Ça change du belvédère du mont Royal ! C'est juste en arrière de l'oratoire Saint-Joseph.

— Ça, je connais. Ma vieille tante Rose nous y a déjà traînés : elle voulait montrer le cœur du frère André aux enfants de la famille. J'ai même vu du monde qui montait les marches à genoux. Nous, on avait déjà tout visité qu'ils étaient même pas rendus en haut.

Les deux jeunes gens avaient donc pris la 144 sur l'avenue des Pins, qui longe le pied du mont Royal. Ils étaient passés devant des maisons très riches. Une d'elles avait attiré leur attention. Un bataillon de soldats y montait la garde.

— C'est une grosse légume qui doit habiter là, avait remarqué Gaétan.

— Tu crois pas si bien dire : c'est la résidence du premier ministre.

— Boubou ?

— Non, pas Robert Bourassa. L'autre, celui qui prend les décisions, Pierre Elliot Trudeau.

— Pas celui qui a mis Luc en prison ?

— C'est qui, Luc ?

Durant le reste du trajet, Gaétan lui avait expliqué l'arrestation de son ami et ses inquiétudes.

— Écoute, j'ai des amis qui s'occupent des prisonniers politiques. Ils pourraient peut-être te donner de ses nouvelles.

— Luc, un prisonnier politique ?

— Non, mais ils pourront au moins te dire où il est incarcéré. Et peut-être entrer en contact avec lui.

Ils étaient descendus au coin de Cedar Avenue.

— Ici, les noms des rues sont en anglais. On est à Westmount, avait expliqué Louise.

— Coudonc, les Anglais se cachent dans les hauteurs ! Ils veulent pas qu'on voit leur richesse et qu'on se demande à qui ils l'ont prise ?

— Tu vas voir des cabanes comme t'en as jamais vu.

Appuyé sur le muret de ciment du belvédère, Gaétan admire une maison en contrebas : une grande bâtisse au toit en cuivre vert-de-gris, avec une tour et une vaste véranda transformée en serre. Le terrain est encadré d'un mur de pierres protégeant le jardin comme un écrin. Au fond de celui-ci, un garage à deux portes devant lequel attend sagement une Jaguar étincelante.

— On pourrait loger trois ou quatre familles du Faubourg à m'lasse dans ce château-là. Il faudrait que tous mes voisins viennent voir. Ça donne un coup !

Ils prennent un petit sentier qui mène vers le centre du parc. Les arbres sont dénudés. La terre humide sent les feuilles mortes.

Ils ne croisent personne. Tout est calme. Au milieu d'une petite clairière, sous un bel érable, un banc semble les inviter à s'asseoir.

D'ici, ils n'entendent plus battre le cœur de la ville. Ici, ils oublient jusqu'à l'appel de la sirène de l'usine, les soldats qui patrouillent et les arrestations à cinq heures du matin. Il n'y a plus qu'eux et les oiseaux.

— *WHAT'S YOUR NAME ?*

Louise et Gaétan sursautent et se retournent d'un coup. Les deux policiers, qu'ils n'avaient pas vus s'approcher, répètent leur question.

— *What is your name ?*

— Moi, c'est Louise, et lui, c'est Gaétan.

— *Where do you live ?*

— On est pas d'ici, répond Louise. On habite en bas de la côte, plus loin.

— Ils parlent pas français ? demande Gaétan naïvement.

— *This is Westmount, you cannot loiter here. This parc is restricted to residents. For security reasons.*

— Qu'est-ce qu'ils racontent, ils peuvent pas parler français comme tout le monde ? bougonne le garçon.

— Ils disent qu'on peut pas rester ici. Le parc est réservé aux résidents.

— *Please, you must leave !*

— La nature est pas à tout le monde ?

Gaétan laisse échapper un imperceptible « *Fuck !* » Le seul mot anglais qu'il connaît.

— *Please, return to your district.*

N'ayant pas le choix, ils se lèvent. Un policier ouvre la marche et l'autre les suit pour les escorter jusqu'à la sortie du parc.

C'est la première fois que Gaétan se fait expulser d'un endroit de la sorte. Il n'en revient pas. Mais il contient sa colère. Au contraire de Louise, qui est très énervée.

— On se penserait dans un township d'Afrique du Sud ou bien sur une réserve indienne. Faudrait pas piler sur leur maudit gazon avec nos souliers crottés de pauvres pis de sauvages. C'est qu'on est civilisé, icitte ! s'exclame Louise, en prenant tout à coup un accent des quartiers populaires.

— Toi, ferme-la ! lui réplique grossièrement le plus petit des policiers, aux cheveux roux, avec un fort accent anglais. Moi, de même, j'suis d'en bas de la côte.

— Tiens, c'est drôle comme ils nous comprennent quand on hausse le ton !

— Celui-là, ça doit être un Irlandais de Verdun, grogne Gaétan.

— Il est du côté des Britanniques, du côté des plus forts ! ajoute Louise, cinglante.

Arrivés au bout du chemin, ils sortent du parc, soulagés, mais la fureur au cœur.

10

Samedi 24 octobre

Il flottait dans son pantalon
De là lui venait son surnom
Bozo-les-culottes
Y avait qu'une cinquième année
Il savait à peine compter
Bozo-les-culottes
Comme il baragouinait l'anglais
Comme gardien d'nuit il travaillait
Bozo-les-culottes
Même s'il était un peu dingue
Y avait compris qu'faut être bilingue
Bozo-les-culottes

RAYMOND LÉVESQUE, *Bozo-les-culottes*, 1967

Pour la première fois, Gaétan comprend les paroles de cette chanson que Luc fait souvent jouer sur le tourne-disque rafistolé qu'il a trouvé dans les poubelles. Il ne s'était jamais attardé à leur signification. Mais le quartier plein d'hypocrites, il l'a découvert hier. Le mépris de sa langue par le conquérant, il l'a ressenti au plus profond de son âme lorsque les policiers lui ont parlé en anglais. L'ouvrier qui n'a pas fini sa cinquième année, il le connaît bien : c'est son père.

La voix passionnée de Pauline Julien semble devoir faire exploser le petit transistor qui est perché sur l'étagère de la cuisine.

À CKAC, on vient d'annoncer la libération de la chanteuse. À la fin de la chanson, l'annonceur explique que, malgré cette libération, les policiers ont fait une nouvelle descente dans sa maison et arrêté son fils de quinze ans, sa fille de dix-huit ans et la cuisinière.

— La folie continue ! s'exclame Gaétan.

— Oublie pas que la police cherche encore James Cross, réplique sa mère. Il paraît que les terroristes ont de quoi faire sauter le centre-ville. Le maire a même dit qu'ils sont prêts à prendre le pouvoir.

— Mais Pauline Julien est une chanteuse, pas une terroriste.

— Oui, mais elle donne des mauvaises idées au monde. Elle parle bien de dynamite dans sa chanson ?

— N'importe quoi ! Tu devrais arrêter d'écouter les placotages de Frenchie Jarraud à CKVL. Tout ça, c'est pour nous faire peur. Le Parti québécois et même Claude Ryan, le directeur du *Devoir,* demandent de reporter les élections à la mairie de Montréal à cause de toutes les rumeurs insensées qui circulent. Eux, ce sont pourtant pas des extrémistes.

— Anyway, c'est à cause des maudits felquistes si l'armée est partout.

Gaétan soupire. Ça ne sert à rien de discuter avec sa mère.

— As-tu dix cennes, maman ? Je veux téléphoner.

— À qui ça, donc ? demande-t-elle en souriant.

— Voyons, t'es ben curieuse !

Elle lui lance une pièce en riant.

— Une mère s'essaye ! À ton âge, tu ferais mieux de t'occuper des filles, au lieu de radoter les idées de ton père.

Gaétan enfile son manteau et court à la cabine au coin de la rue. Cela fait deux mois que la compagnie Bell leur a coupé le téléphone pour un compte en retard. Avec sa prochaine paye, la famille pourra peut-être faire rebrancher la ligne.

Le téléphone sonne à plusieurs reprises. Pas de réponse. Louise lui avait pourtant dit qu'elle serait là ce matin. Il revient chez lui un peu déçu. Il rappellera plus tard.

Au lieu de rentrer à la maison écouter sa mère rouspéter, Gaétan décide de repasser chez Luc pour voir si son appartement est encore occupé. Il n'y est pas retourné depuis mardi.

Comme toujours, il emprunte la ruelle, qui, en cette saison, a un air morose avec ses cordes à linge vides. Gaétan aime voir les vêtements multicolores qui sèchent en battant au vent. Cela donne un air de fête au quartier. Il se faufile entre des enfants qui jouent au hockey avec une balle. Deux grosses boîtes de carton leur servent de buts. Chaque samedi matin, les ruelles retentissent des cris des enfants qui se prennent pour Jean Béliveau ou Yvan Cournoyer. Ce soir, ils seront certainement tous assis devant leur télévision pour regarder le match des Canadiens contre les Flyers de Philadelphie.

Arrivé sur le balcon de Luc, Gaétan remarque que le carreau de la porte a été remplacé. Il regarde par la fenêtre. Tout est bien rangé. Paul habite-t-il encore ici ? Il entre et fait le tour de l'appartement. Il n'y a plus la moindre trace de son passage. Volatilisé.

Il va voir la mère de Luc, toujours sans nouvelles de son fils, pour lui dire que Paul n'est plus là.

— J'ai entendu à la radio, lui dit-elle, que ceux qui ont été arrêtés sans raison commencent à être libérés. Luc devrait bientôt sortir.

— Je sais pas. La police continue de faire des perquisitions pis des nouvelles arrestations.

Gaétan n'en dit pas plus. Il ne lui a pas dit qu'il avait vu un dessin des patriotes traînant sur le comptoir ni que Paul était censé être en Abitibi. Il ne voulait pas l'inquiéter.

— Tu restes pour dîner ? J'ai fait une tourtière.

Gaétan n'ose pas dire non, et puis, la tourtière de Mme Maheu, ça ne se refuse pas.

Elle sort un pot de cornichons qu'elle a faits elle-même. Gaétan mord avec plaisir dans le petit légume acidulé.

Chez Mme Maheu, comme dans toutes les maisons du quartier, la radio reste allumée en permanence. Lorsqu'ils entendent l'indicatif musical des nouvelles, tous deux tendent l'oreille.

« *La police de Montréal vient d'annoncer qu'un communiqué du FLQ a été retrouvé. Les auteurs demandent la libération immédiate du syndicaliste Michel Chartrand, de l'avocat Lemieux, des patriotes Pierre Vallières et Charles Gagnon, sans quoi ça sautera à Montréal.* »

La femme et le jeune homme se regardent, l'air perplexe.

L'annonceur ajoute que la police doute de l'authenticité de ce communiqué.

— Et les élections qui sont demain, soupire Gaétan. Ça regarde mal !

11

Dimanche 25 octobre

Louise ne répond toujours pas au téléphone. Depuis vendredi, elle n'a pas donné signe de vie. Gaétan tourne en rond dans l'appartement vide. Drôle de dimanche. C'est jour d'élections à la mairie de Montréal. Son père est scrutateur dans un bureau de vote ; il y restera toute la journée. Sa mère est partie avec les petits faire un tour au mont Royal. Avant, elle est allée voter. Gaétan ne doute pas de son soutien au maire Drapeau.

Gaétan s'ennuie. Il s'assoit devant la télé, mais ne l'allume pas. Le dimanche après-midi, il n'y a jamais rien à regarder. Alors, le cinéma, il le fait dans sa tête. Il a l'impression d'avoir vécu en accéléré, pendant la semaine qui vient de s'écouler. Comme s'il n'était plus tout à fait celui qui, une semaine plus tôt, avait pris tranquillement l'autobus pour aller à l'usine pour la première fois. La vie peut-elle se résumer à travailler pour un salaire qu'on se dépêche de dépenser ? Il pense à Louise qui étudie, à son père qui se désâme pour faire vivre la famille, à Luc qui croupit en prison.

« Pis moi, je fais quoi dans tout ça ? » se demande-t-il.

Il se sent envahi par un sentiment d'impuissance. Heureusement, la sonnette le tire de ses pensées. Il bondit du fauteuil et descend l'escalier quatre à quatre. Il ouvre la porte. Devant lui, un agent de police.

— Mme Simard, s'il vous plaît.

— Elle est pas là.

— Qui êtes-vous ?

— Son fils.

— Bon, vous lui direz que son mari est au poste et qu'elle peut venir le chercher.

— Au poste ? C'est quoi, le problème ?

— Je ne peux rien vous dire. Vous ferez le message à votre mère. Dites-lui de passer avant huit heures, sinon il passera la nuit au poste 22.

Le policier lui tend une contravention. Le garçon déchiffre avec difficulté les gribouillis : obstruction et injures à des policiers.

Lorsqu'il relève les yeux, la voiture de police est déjà repartie.

Gaétan remonte et se laisse tomber sur le sofa.

— Fallait bien s'attendre à ça avec le père ! Il peut jamais rester tranquille. À croire qu'il est jaloux de ceux qui se sont fait arrêter pour rien, maugrée le garçon.

Le voilà vissé à la maison : il doit attendre sa mère pour lui annoncer la nouvelle. Même si Louise était de retour, il ne pourrait pas aller la voir.

Après avoir sacré contre son père, il finit par allumer la télévision pour passer le temps. Un homme et une femme se parlent sur un petit pont. Les acteurs ont un drôle d'accent et utilisent des expressions qu'il ne connaît pas. En arrière-plan, on distingue le nom d'un hôtel décrépit : Hôtel du Nord.

— Apparemment, les Français parlent pas tous comme des maîtresses d'école. Ceux-là, ils doivent venir du Faubourg à m'lasse de Paris, se dit-il.

Gaétan dort sur le sofa quand Richard et Patrick, ses deux frères, lui sautent dessus. Ils ont les mains glacées et les joues rouges.

Sa mère est déjà dans la cuisine en train de préparer du chocolat chaud pour tout le monde. Gaétan se lève pour courir après ses frères et les rouer de coups de poing inoffensifs. Les deux plus jeunes s'enfuient vers la cuisine et tournent autour de la table pour finir par se cacher sous les jupes de leur mère.

— Peureux ! Peureux ! leur crie Gaétan, heureux de se retrouver au milieu des siens.

— Sortez de là, mes petits torrieux ! Assoyez-vous, je sers le chocolat chaud. Attention, c'est brûlant !

Immédiatement, tous prennent place à table. Et dans

un silence presque religieux, les trois garçons se régalent à l'unisson.

— Je vais préparer le souper, le père devrait pas tarder.

Gaétan, qui en est à sa dernière gorgée, manque de s'étouffer. Il se lève et va récupérer la contravention qui traîne sur le sofa.

— Tiens, la police est venue me donner ça en début d'après-midi. Faut que t'ailles le chercher au poste.

— Verrat ! Il pouvait pas se tenir tranquille ? J'ai pas le temps d'y aller avant que tu partes travailler. Je laisserai pas les enfants tout seuls.

— Je peux peut-être rester pour les garder.

— Pas question que tu manques la job à cause des folies de ton père. J'irai demain matin quand les petits seront à l'école. Une nuit au poste, ça lui remettra peut-être les idées en place.

12

Lundi 26 octobre

« Drapeau réélu avec 92 % des votes. »

À la une des journaux, les titres sont implacables. L'opposition n'a pas fait élire un seul conseiller. La campagne de peur orchestrée par les deux gouvernements et par le maire Drapeau a fonctionné à merveille.

Gaétan ne veut pas retourner chez lui ce matin. L'atmosphère de la maison doit être insupportable. Après une nuit passée au poste, et avec le résultat des élections, son père est sûrement d'une humeur massacrante. Aussi, en sortant du travail, il a vite appelé Louise, qui a enfin répondu et l'a invité à passer chez elle.

Il marche maintenant le long de la rue Cherrier à la recherche du numéro 928. Le voilà : c'est une grande maison en pierres grises avec des portes en bois ouvragées. Il monte les quelques marches qui mènent au perron. Il hésite à sonner. Une vraie maison de docteur, comme dirait sa mère. La porte s'ouvre, et un jeune homme portant des jeans troués et une veste de l'armée sort en le bousculant.

— Excuse, man ! dit le grand barbu en laissant la porte grande ouverte.

Gaétan jette un œil curieux à l'intérieur.

Devant lui, un long couloir au bout duquel se trouve la salle à manger. Le parquet est ciré. Gaétan enlève ses bottes pour ne pas le salir. De chaque côté du couloir, des portes s'ouvrent sur des chambres tapissées d'affiches de vedettes, où des matelas sont simplement posés par terre. Partout traînent des journaux et des revues ; il y a une guitare dans un coin, un djembé dans un autre, un tourne-disque sous une pile de 33 tours, des vêtements dans tous les coins. Un vrai bazar !

Une vieille table de réfectoire en bois occupe tout l'espace de la salle à manger. Les restes du déjeuner y traînent encore. Une multitude de plantes vertes ornent la fenêtre qui donne sur la petite cour arrière. Au mur sont peints à gros traits les mots *Flower power,* entourés de signes de *peace* et de petites fleurs multicolores. Louise sort de la cuisine en pyjama, un café à la main.

— Excuse-moi, on m'a laissé entrer, bafouille le garçon, confus de la surprendre au saut du lit.

— Tu veux un café ? lui répond-elle, nullement désarçonnée par sa présence.

— Oui, merci. Tu restes pas avec tes parents ?

Elle retourne dans la cuisine, il la suit.

— Mes parents sont à Magog, dans les Cantons-de-l'Est. Moi, je voulais étudier en arts au cégep du Vieux-Montréal. Ils ont fini par accepter de me laisser partir, à condition que j'habite avec mon frère. C'est chez eux que j'étais en fin de semaine, j'ai oublié de te prévenir.

— Vous êtes combien à vivre ici ?

— Dans le salon double, il y a mon frère et sa copine. Moi, je suis dans la chambre derrière la cuisine. Et deux autres gars dans chacune des deux autres pièces. Ensemble, on paye pas cher de loyer. Et puis, c'est plus le fun que d'être toute seule en appartement. Tiens, ton café.

— Je suis pas sûr que j'aimerais ça, rester avec autant de monde, dit Gaétan, songeant que s'il voulait partir de chez lui, c'était précisément pour gagner en tranquillité.

— Personne t'a demandé de venir vivre ici, lui répond Louise un peu sèchement. Viens, on va dans ma chambre.

Le garçon sent bien qu'il a dit un mot de trop. Encore une fois. Il la suit.

Le matelas est recouvert d'un édredon et de coussins multicolores. Le long d'un mur, une bibliothèque est montée sur des briques. Les planches ploient dangereusement sous le poids des livres. Dans un coin, une porte de grange installée sur des tréteaux sert de bureau. Au mur, une affiche de Jimi Hendrix et une autre de Janis Joplin.

Entre les deux, sur une grande feuille blanche qui se déroule du plafond jusqu'au sol, un poème a été recopié à la main. Le titre, *Speak White,* écrit en rouge, ressemble à une tache de sang.

— Ton frère étudie lui aussi ?

— Oui, à l'Université du Québec.

— Et les autres, ils font quoi ?

— Rien !

— Ils travaillent pas ?

— Non, ils veulent pas participer à la société de consommation. Ils veulent devenir ni des exploités ni des exploiteurs.

— Mais ils font comment pour vivre ?

— Ils vivent d'amour et d'eau fraîche, lui répond Louise, narquoise. C'est des hippies. Mais leur père a pas mal d'argent. Ça aide.

— En tout cas, moi, j'ai pas le choix d'aller travailler. Ma mère a besoin de ma paye pour boucler ses fins de mois. Je vois pas comment je ferais.

— Toi, c'est pas pareil. T'es un ouvrier.

— De toute façon, je sais pas ce que je ferais à rien faire. T'as vu ?

Gaétan tend *Le Journal de Montréal* à la jeune fille.

— Tu vois ce que ça donne, le terrorisme. Début octobre, l'opposition était à trente pour cent ; aujourd'hui, elle s'est évaporée.

— Tu viens pour me dire ça ! De toute façon, les gouvernements auraient trouvé quelque chose pour éliminer l'opposition.

— On n'est pas obligés de leur donner des munitions.

Un silence embarrassé s'installe. Le garçon est là depuis à peine quinze minutes et déjà l'incompréhension s'insinue entre eux. Il se demande bien pourquoi il continue à voir cette fille.

— Tu connais ce disque-là ?

Louise extrait un album de sous une pile de feuilles sur le bureau. Elle veut détendre l'atmosphère.

— Écoute-le pendant que je vais m'habiller. Je viens de l'acheter.

Elle installe le vinyle noir sur le tourne-disque, dépose délicatement le bras sur l'extrême bord et sort.

Une voix de femme tout en retenue emplit la chambre. Elle décrit un aigle noir surgi dans la nuit. La tension et le crescendo de sa voix à la fois profonde et fragile troublent Gaétan.

La chanson à peine terminée, Louise revient. Elle a mis une longue robe indienne aux couleurs pastel et de grandes boucles d'oreilles. Un immense sourire illumine son visage. Finalement, Gaétan se dit qu'il a bien fait de rester. Cette fille est belle, pleine de vie, et elle lui fait découvrir un monde bien loin du Faubourg à m'lasse.

Ils bavardent ainsi un bon moment, assis sur le lit. Puis, elle lui dit que ses cours commencent à onze heures.

— Si tu veux, tu peux rester.

— Je veux pas déranger.

— Mais tu déranges personne. Tu peux continuer à écouter de la musique.

L'offre est tentante. Gaétan accepte. Retourner chez lui est au-dessus de ses forces. Il est tellement bien ici.

Une fois Louise partie, le garçon fouille avec gourmandise dans la pile de disques. Il n'en a jamais vu autant ! Il tombe sur *Québec Love* de Charlebois ; celui-là, il le connaît.

Il s'installe sur le lit, se laissant emporter par le rythme de la première chanson.

La lumière l'éblouit soudain. Louise est dans le cadre de porte.

— T'es encore là !

Dehors, il fait nuit. Gaétan panique.

— Il est quelle heure ?

— Neuf heures du soir.

— Je me suis endormi et j'ai pas vu le temps passer. Il faut que je sacre mon camp, sinon je vais être en retard à la job.

Hébété, Gaétan se lève et va se mettre un peu d'eau froide sur le visage pour se réveiller. Louise lui apporte son manteau et lui dit en rigolant :

— T'es mon Cendrillon ! Attends, donne-moi ton numéro de téléphone.

— J'ai pas le téléphone, je te rappellerai demain. À bientôt !

Il court jusqu'au métro Sherbrooke. Il réalise alors qu'il n'a rien mangé de la journée et qu'il n'a même pas de lunch. La nuit à la shop va être longue.

13

Mardi 27 octobre

— T'as dormi où, hier ?

La porte à peine refermée, la question tombe, inévitable.

— Je suis affamé ! Je prendrais bien des œufs pis du bacon, répond Gaétan en faisant la sourde oreille.

— T'auras rien pantoute. Dis-moi d'abord ce qui t'a pris de pas donner de nouvelles. J'étais morte d'inquiétude. Tu sais que ton père est toujours en prison ?

— Comment ça ? Tu devais aller le chercher hier matin.

— Si t'étais rentré hier, tu saurais que la police a décidé de le garder. J'ai même pas pu le voir, pis je sais pas quand il va sortir.

Gaétan aurait bien dû se douter qu'avec le père rien ne serait simple. Penaud à l'idée d'avoir abandonné sa mère dans un moment pareil, il essaie de se justifier.

— J'étais chez des amis pis je me suis endormi. Quand je me suis réveillé, il était trop tard pour passer à la maison.

Le garçon veut rester vague. Le pluriel lui permet de ne pas préciser — mais sans mentir — qu'il a dormi dans la chambre d'une fille. Si sa mère l'avait su, elle aurait grimpé dans les rideaux.

— T'es le plus vieux, Gaétan, tu sais bien que je compte sur toi quand ton père est pas là. Refais plus jamais ça !

Ça lui tombe dessus comme une enclume. Il veut bien remettre son salaire à sa mère pour boucler les fins de mois, mais de là à s'occuper de ses frères… Il sait pourtant bien que, lorsqu'on vient d'une famille de gagne-misère, on ne peut pas se permettre de passer la journée dans un lit à écouter de la musique. La réalité vient de le saisir par le col et de lui mettre la tête dans sa condition.

— Écoute, je suis désolé pour hier, mais je pouvais pas savoir… Je connais quelqu'un qui a des contacts avec des avocats, enchaîne le garçon pour calmer sa mère. Je peux lui en parler.

— Tu sais ben qu'on a pas une cenne pour ça.

— Je sais, mais ils font ça gratis pour les mal-pris comme nous.

— Des promesses, ça coûte pas cher la tonne ! Mange tes œufs, pis tant que ton père est pas là, essaye donc de rester un peu plus à la maison.

En fin de journée, Louise et Gaétan descendent les marches qui mènent au sous-sol de l'église Saint-Louis-de-France. La salle est pleine, les discours se succèdent. C'est la première assemblée du Comité de soutien aux détenus, lui a expliqué Louise. Elle prend la main de Gaétan, et ils se faufilent jusqu'à une table où l'on fait signer une pétition pour la libération des prisonniers politiques.

Gaétan reconnaît le jeune homme dans les bras duquel Louise s'est jetée à l'assemblée du cégep.

— C'est mon frère, Mathieu. Il étudie le droit. Explique-lui pour ton père, il pourra peut-être faire quelque chose.

Gaétan raconte les circonstances de l'arrestation de son père. Il décrit aussi son caractère indocile et rebelle. Il a dû lancer un flot d'injures aux policiers lors de son arrestation. Voilà qui explique sans doute le prolongement de sa détention.

— Écris-moi son nom, son adresse et l'endroit où il a été arrêté. Explique en quelques phrases les circonstances de l'arrestation.

— J'ai aussi un chum dont j'ai plus de nouvelles depuis le 16 octobre. Il s'est fait arrêter chez lui au petit matin. Peux-tu faire de quoi pour lui aussi ?

— Nom, adresse et circonstances. Écris-moi tout ça, lui répond Mathieu en lui tendant une feuille.

Gaétan, désemparé, regarde Louise. La jeune fille saisit

immédiatement la raison de son inquiétude et prend la feuille des mains de son frère.

— Allez, raconte-moi et j'écris.

Gaétan lui fait un chaleureux sourire, lui qui a toujours eu de la difficulté à écrire plus de trois mots sans fautes. Elle le tire d'un mauvais pas.

Pendant que Louise finit de mettre au propre les informations de Gaétan, le garçon jette un œil sur l'assemblée.

Il écoute le discours de l'orateur, qui dénonce les mesures répressives du gouvernement. Mais son esprit vagabonde, comme à la petite école lorsque la maîtresse expliquait la règle de trois et qu'il songeait au prochain match de hockey. Le tableau se couvrait alors de signes indéchiffrables. Maintenant, les mots ne forment plus qu'un étrange brouhaha.

Louise a fini d'écrire et va porter la feuille à son frère. Elle reste près de la table pour donner un coup de main et faire signer la pétition. Gaétan s'éloigne un peu.

Soudain, son regard s'arrête sur un visage à plusieurs mètres de lui. Paul ! C'est bien lui. Avec sa barbe rousse, on ne peut pas le manquer.

Gaétan se glisse derrière lui, mais il hésite à l'aborder. Cet homme beaucoup plus âgé que lui l'impressionne. Large d'épaules, droit comme un roc, il écoute attentivement les discours.

Selon ce que lui a dit Luc, Paul a grandi à Ville Jacques-

Cartier, un quartier particulièrement pauvre de la rive sud, où il a commencé par mener une vie de bum.

« C'est facile de trouver de l'argent si t'as du *guts*, avait-il déjà raconté à Luc. T'achètes un *gun* pis tu dévalises la première banque que tu vois. Chez nous, à Ville Jacques-Cartier, t'as le choix : ou tu deviens un bum, ou tu te crèves à la shop pour un salaire de misère. Mais ma carrière de bum a pas duré longtemps. »

Ce qui l'a fait changer de route, ce n'est pas tellement la peur de finir en prison, mais plutôt l'idée de réussir tout seul. Avoir de l'argent, mener la belle vie et voir les autres toujours dans la misère, il ne l'a pas accepté. Réussir à faire de l'argent, ce n'est pas si difficile, mais vouloir changer la vie, c'est une autre affaire. Alors, il a voulu agir pour qu'il n'y ait plus de Ville Jacques-Cartier à quelques kilomètres des *Town of Mount Royal.* C'est pour ça qu'il est devenu syndicaliste.

« J'ai commencé par me battre pour qu'on ait des trottoirs à Ville Jacques-Cartier », avait-il dit à Luc en riant.

« Mais aujourd'hui, que fait-il vraiment ? » se demande Gaétan. Peut-être est-il retourné à ses anciennes activités ?

— C'est quoi, ton problème, pourquoi tu me dévisages ?

Le ton de l'homme est cassant.

— Tu me reconnais pas ? Je suis Gaétan, bredouille le garçon. On s'est déjà croisés chez Luc.

— Ah oui, je me rappelle. Tu devais commencer à travailler à la Dominion.

Sous d'épais sourcils, il a un regard à la fois déterminé et doux.

— Exact. Je me demandais si tu savais que Luc avait été arrêté, lui répond le garçon.

— Non, je savais pas. Avec tout ce qui se passe, ça fait un bout que je l'ai pas vu, dit l'homme, visiblement agacé par la présence du garçon et jetant des coups d'œil impatients autour de lui.

Il ne semble pas apprécier qu'on l'ait reconnu. Avec un sourire crispé, il coupe court à la discussion :

— C'est de valeur, mais il faut que j'y aille.

Sans plus d'explications, Paul se faufile dans la foule et se dirige vers la sortie. Intrigué, Gaétan lui emboîte le pas. Une fois dans la rue, l'homme prend la direction du métro Sherbrooke. Gaétan n'hésite pas un instant et passe le tourniquet après lui sans se faire remarquer. Une rame arrive. Paul saute dans un wagon. Gaétan monte dans le suivant.

Le métro repart. Il y fait terriblement chaud. Discret, Gaétan surveille Paul, qui lit le journal d'un air faussement détendu. Les stations défilent. Le garçon reste sur ses gardes. À la station Sauvé, Paul se lève rapidement, comme quelqu'un qui a oublié de sortir, et se précipite sur le quai juste avant la fermeture des portes. Gaétan n'a pas le temps de réagir et il voit, impuissant, l'homme s'éloigner.

Sa filature n'a été que de courte durée. Il s'est fait avoir. Il avait vaguement imaginé qu'en découvrant l'endroit où habite Paul il en apprendrait un peu plus sur lui. Le voilà le bec à l'eau, réalisant de plus qu'il a laissé tomber Louise sans explication.

À la station Henri-Bourassa, il reprend le métro en sens inverse et se précipite à l'assemblée. Les discours sont terminés. Il ne reste plus grand-monde, et Louise n'est plus là. Il cherche en vain un visage connu. Les tracts mêlés aux mégots de cigarettes jonchent le sol. La salle a un air glauque de fin de fête.

14

Mercredi 28 octobre

— Comme ça, tu files à l'anglaise ?

— Qu'est-ce que tu veux dire ?

Gaétan grelotte dans la cabine téléphonique. Il a appelé Louise dès sa sortie de l'usine, malgré l'heure matinale.

— C'est une façon de parler. T'as rien à me dire ?

— Je m'excuse pour hier soir, mais il m'est arrivé quelque chose de spécial.

— T'es tombé sur une belle fille ?

— N'importe quoi ! Je t'expliquerai ce soir. Je dois te voir absolument.

— J'ai beaucoup de travail aujourd'hui. Il faut bien que j'étudie un peu. Et puis, j'ai un travail à faire sur Louis Riel, c'est passionnant !

Gaétan sent bien que sa disparition de la veille l'a blessée. Comment retrouver sa confiance ? Une idée jaillit alors dans son esprit.

— Louis Riel ! Mon père m'en a souvent parlé.

— Pis ?

— Mon arrière-grand-père l'a connu.

— C'est une joke ?

— Non, c'est vrai, il était parti s'installer comme colon dans l'ouest du Canada.

— Passe demain soir au Chat Noir pour me raconter tout ça.

— OK, bonne journée !

— Et toi, dors bien pour être en forme. Attends-toi à subir un interrogatoire en règle.

Gaétan raccroche. Il a les mains complètement gelées, mais il vient de remporter une petite victoire.

Maintenant assuré de revoir Louise, le garçon file directement chez lui. Il a promis à sa mère d'y passer la journée et de s'occuper des petits.

Les deux garçons, tout juste rentrés de l'école, sautent sur son lit pour le réveiller. Gaétan entrouvre les yeux. Déjà, le soleil commence à décliner. Ces jours-ci, il a l'impression que le soleil est fâché avec lui. Gaétan se couche, il fait à peine jour. Il se lève, il fait déjà nuit.

— M'man a dit que tu dois t'occuper de nous, dit le plus jeune.

Gaétan se lève péniblement et se traîne jusqu'à la cuisine. Tant qu'à rester à la maison, il aurait bien aimé dormir un peu plus. Mais il a promis.

— Vous voulez des toasts au beurre de pinottes ?

— Non, des biscuits dans la boîte.

Gaétan sourit. « La boîte », c'est la boîte de métal rouge dans laquelle sa mère range ses célèbres biscuits — au gruau, à la mélasse ou au gingembre, selon son inspiration ou ce qui reste dans les armoires de la cuisine. Tous les enfants de la ruelle y ont goûté. Dans le temps de Noël, elle y range son gâteau aux fruits qui y vieillit pendant un mois. Même vide, la boîte dégage un parfum d'épices à faire damner un saint.

— Un verre de lait avec ça ?

— On peut regarder la télé ?

— Allez-y, je prépare tout.

Au fond, Gaétan est assez fier de s'occuper de ses frères et d'être investi de la responsabilité d'accorder ou de refuser des permissions. Il prend plaisir à leur préparer leur collation, qu'il dispose sur un plateau puis leur apporte au salon.

— Wow, c'est du service ! Merci bien !

— Je fais un spécial pour aujourd'hui, mais pensez pas que ce sera toujours de même. Après *Fanfreluche,* vous allez faire vos devoirs, dit-il d'une voix qu'il veut autoritaire.

— On en a même pas !

— Ça m'étonnerait. Si je me souviens bien, avec Mme Paquette, il y avait des devoirs tous les soirs. Essayez pas de m'en passer une petite vite.

— J'ai juste un peu de calcul à faire, avoue Patrick.

— Moi, je dois faire des exercices de grammaire, ajoute Richard. Tu vas nous aider ?

— On verra. En attendant, tassez-vous, je veux regarder *Fanfreluche*, moi aussi.

Les deux garçons s'écartent d'un même élan pour lui faire une place au milieu du sofa. La musique de l'émission commence. Apparaît alors Fanfreluche qui ouvre son immense livre. Aujourd'hui, la poupée espiègle, avec ses petites couettes qui partent dans tous les sens, va au cirque, où Mme Dora doit lui prédire son avenir. Comme chaque fois qu'elle n'est pas d'accord avec le déroulement de l'histoire, Fanfreluche rentre dans l'aventure pour en modifier le dénouement.

Gaétan préfère Sol et Gobelet, les deux clowns à qui il arrive toujours des mésaventures loufoques. Mais eux, ils passent le mardi. Malgré tout, le garçon ne veut pas bouder son plaisir. Une bonne collation devant une émission pour enfants est toujours un moment sacré.

Les garçons viennent tout juste d'ouvrir leurs cahiers sur la table de cuisine pour faire leurs devoirs lorsque retentit la voix joyeuse de leur père.

— Tabarnouche ! C'est là qu'on apprécie sa maison.

Toute la famille l'entoure aussitôt.

Sa femme, qui rentre avec lui, a un grand sourire en

voyant les cahiers sur la table. Elle embrasse Gaétan et le remercie de s'être occupé de ses frères.

— Tu vas peut-être être moins contente quand tu vas voir que la boîte à biscuits est vide.

— J'en ferai d'autres. Comme tu vois, ils l'ont pas gardé longtemps. J'ai pour mon dire qu'ils pouvaient plus l'endurer !

— C'est pas croyable d'arrêter le monde comme ça ! s'exclame le père.

Devant l'air sceptique de son fils, il raconte les événements entourant son arrestation pendant que la mère s'active à préparer le repas.

— J'ai voulu empêcher quelqu'un de tricher aux élections. J'étais sûr que le grand brun qui était en train de voter était pas M. Gosselin. Je l'ai déjà vu, M. Gosselin, pis il me semble que c'était un petit gros, qui est décédé au printemps dernier, en plus. Je l'ai dit au président d'élection, il a pas voulu me croire. Je me suis énervé pis ils ont fait venir la police pour me sortir.

Gaétan sourit en imaginant le monceau d'injures que les policiers ont dû entendre.

— Tu peux bien rire, mais il reste que j'avais raison. Ça fait que je suis poursuivi pour injures à policiers. Je dois passer en cour dans un mois. C'est ça, la justice, arrêter le gars qui a vu quelqu'un tricher pis laisser faire le tricheur ? Maudits policiers, ils sont pas capables de trouver les gars qui mettent des bombes pis qui enlèvent un ministre, mais pour achaler le monde ordinaire ils donnent pas leur place !

— Le spaghet' est prêt ! À table !

Tous tendent leur assiette vers la mère, heureuse de retrouver son monde.

15

Jeudi 29 octobre

Il pousse la porte du café. Un épais nuage de fumée l'enveloppe. *La Marche du président,* chantée par Charlebois, joue en sourdine. Dans tous les coins, des jeunes et des moins jeunes, tous chevelus, barbus, fumant et buvant, discutent haut et ferme. Un peu affolé, le regard de Gaétan fait un tour de piste. Il finit par distinguer une ombre aux cheveux courts, les plus courts de l'endroit, garçons et filles confondus. Louise est penchée sur un cahier, entourée de plusieurs livres. Il s'assoit en face d'elle, les yeux déjà rougis par la fumée.

— Tu fais comment pour travailler dans cette ambiance-là ?

— Je me sens moins seule que dans ma chambre. J'aime ça. Alors, il t'est arrivé quoi, l'autre jour ?

Depuis son réveil, Gaétan cherche comment éviter de lui parler de Paul. Mais il ne sait pas mentir.

— J'ai un ami qui a un ami…

— Quoi ?

Il fallait commencer par le début. Au fur et à mesure de ses explications, Louise l'écoute avec une attention grandissante, et peut-être même avec un brin d'admiration. À la fin de son histoire, elle s'exclame :

— Eh ben, je savais pas que tu fréquentais des felquistes !

— C'est pas ce que tu crois, et parle pas si fort ! Luc est mon chum depuis toujours, c'est un bon ouvrier. Il veut seulement améliorer les conditions de travail à la shop, et Paul lui a proposé de l'aider. Lui, je le connais pas vraiment. Mais Luc, c'est pas un « révolutionnaire », comme tu dis, et encore moins un felquiste. Il sait bien que tuer un ministre, ça fera jamais avancer grand-chose.

— C'est sûr que si on fait rien, on risque rien !

— Mais quand on en fait trop, on donne des arguments à nos ennemis pour faire peur au monde.

— Et toi qui me disais ne rien comprendre à la politique.

— C'est pas parce qu'on est un ouvrier qu'on comprend rien. Mon père milite dans un comité de citoyens pour se débarrasser du maire Drapeau, qui fait des ravages dans notre quartier depuis des années ; pis là, une gang de *bums* qui se pensent plus fins que les autres fait tout foirer.

— En parlant de ton père, tu veux rire de moi quand tu dis que ton arrière-grand-père a connu Louis Riel.

— Même pas !

Gaétan lui raconte alors la légende familiale, entretenue avec soin depuis trois générations.

Cet arrière-grand-père s'appelait Lionel Simard, il était unijambiste et racontait qu'il avait perdu sa jambe dans une bataille contre les Anglais. C'était sa fierté.

Il avait commencé à travailler à Montréal tout jeune, comme journalier chez la famille Masson. C'est là qu'il avait connu un jeune homme venu de ces immenses prairies qui s'étendent à perte de vue de l'autre côté des Grands Lacs. Il s'appelait Louis Riel. Il étudiait au Petit Séminaire du Collège de Montréal et n'avait qu'une hâte : retourner au bord de la rivière Rouge. Louis passait des heures à décrire à Lionel l'immensité des terres arables de ces régions et les chasses au bison miraculeuses. Selon lui, cette nature sauvage et généreuse ne demandait qu'à être partagée entre hommes de bonne volonté. Aussi, lorsque Louis Riel retourna sur ses terres, l'arrière-grand-père, qui n'avait alors que dix-sept ans, n'hésita pas et partit avec lui.

Lionel défricha un lopin de terre qui partait de la rivière Rouge et s'enfonçait perpendiculairement dans les terres. Il se bâtit un camp avec l'aide de Louis Riel et de ses amis métis. Les familles étaient très soudées. Et lorsque l'une d'entre elles était en difficulté, tous s'entraidaient. Il faut dire que la vie par là-bas était rude, et, sans le savoir-faire hérité des Indiens, peu auraient survécu. Lionel avait réussi à faire une première récolte de blé, mais l'année suivante tout fut détruit par une invasion de sauterelles. Heureusement, il y avait la chasse, la pêche et la traite des fourrures, qui se faisait avec les plus offrants, que ce soit des compagnies américaines ou anglaises. Cela permettait de survivre lorsque les récoltes étaient mauvaises.

Mais le gouvernement canadien, à cette époque, avait des idées bien arrêtées sur la façon dont allait se faire le développement de cette région, qu'il venait d'acheter à la Compagnie de la Baie d'Hudson. Et les Métis n'y avaient pas leur place.

À l'arrivée des arpenteurs du gouvernement, qui venaient pour diviser la terre à la façon des Anglais, comme si personne n'habitait déjà là, les Métis se regroupèrent afin de les empêcher de faire leurs relevés. Louis Riel devint leur chef et forma un gouvernement provisoire. C'est là que Lionel fut blessé, lors d'une bataille avec des colons anglais venus de l'Ontario pour s'installer sur la terre que lui-même avait défrichée. Blessé à une jambe, il dut être amputé. Pour lui, c'était la fin d'un rêve. Il revint à Montréal et ne retourna jamais dans les Prairies. On racontait dans la famille que Lionel Simard, homme intransigeant et dur qui avait réussi à faire vivre une famille de douze enfants malgré sa patte en moins, avait pleuré le jour de la pendaison de Louis Riel.

— Je crois même que mon père a encore une photo de Lionel devant son camp de la rivière Rouge.

— Il faudrait que tu me la montres, j'en ferais une photocopie à mettre dans mon travail, dit Louise.

Gaétan n'en revient pas que cette vieille histoire de famille, dont il n'a jamais fait de cas, fascine tant la jeune fille. Il la laisse noter son histoire avec application dans son cahier, savourant le plaisir d'être l'objet de son intérêt.

16

Vendredi 30 octobre

Il est trois heures du matin. Gaétan reprend sa place près de sa fileuse, le cœur à l'envers. Au fond de la grande salle des machines, où règne un bruit infernal, une petite pièce glauque avec quelques tables de pique-nique et une machine distributrice permet aux travailleurs de manger un peu pendant leur pause.

Comme chaque nuit, Gaétan y a avalé deux bouteilles de Coke pour tenir ses yeux ouverts jusqu'à la fin de son quart de travail.

Aujourd'hui, une femme qui aurait pu être sa mère pleurait dans un coin. Elle venait d'être congédiée. Elle s'était absentée quelques jours à cause de la maladie d'un de ses enfants. À son retour, la place avait été prise par une autre ouvrière, plus jeune. Le contremaître ne l'avait pas prévenue. Elle avait essayé de négocier une autre place, même moins bien payée, en vain.

Maintenant, le bruit de la machine lui brouille les idées. Gaétan n'arrive pas à oublier le regard de cette femme. Il aurait aimé lui venir en aide. Il a soudain envie de tout lâcher, de fuir cet endroit où la vie semble compter pour si peu. Il se souvient des mots de Luc : « Du *cheap labor.* On est juste du *cheap labor.* »

Une question lancinante tourne dans sa tête. Combien d'années devra-t-il passer devant cette machine ? Trente, quarante ? Il en a la nausée.

Brusquement, sa machine s'emballe, et plusieurs fils se cassent. C'est la catastrophe. Il appuie sur le bouton rouge d'urgence. Le foreman accourt.

— Maudit verrat… Faudrait pas que ça t'arrive trop souvent, mon gars, sinon, crois-moi, tu resteras pas longtemps ici. Repartir cette machine-là, ça prend trois heures — trois heures de perdues pour la production.

Gaétan ne dit rien.

— Tu peux sacrer ton camp pour aujourd'hui. Dans trois heures, ton shift sera fini. Mais je retiens une demi-journée sur ta paye.

Immédiatement, Gaétan tourne les talons et s'engouffre dans l'escalier en courant.

— Gang de maudits sans-cœur ! hurle-t-il.

Heureusement, sa voix est couverte par le bruit des machines.

Gaétan se retrouve dehors sous un ciel étoilé. Il fait plus que froid à cette heure avancée de la nuit. Il n'y a pas d'autobus ni de métro. Il va devoir rentrer à pied et traverser tout le centre-ville.

Cette nuit est une nuit de colère. Gaétan serre les poings.

Il arpente maintenant la rue Sainte-Catherine. D'habitude pleine de vie et de lumière, elle est étrangement déserte. Demain, c'est l'Halloween, et les vitrines des magasins décorées de squelettes, de fantômes et de sorcières finissent par donner une atmosphère lugubre. Les voitures sont rares. Seuls quelques taxis circulent, à la recherche du dernier fêtard.

Le garçon arrive au coin de la *Main*. C'est le seul endroit dans toute la ville où il y a encore des snack-bars ouverts à cette heure tardive. Le boulevard Saint-Laurent, de son vrai nom, est la chasse gardée des prostituées et des marginaux en tout genre. Gaétan décide d'aller manger un hot-dog au Montréal Pool Room avant de finir la route. Devant la porte d'une boîte de nuit, une femme lui fait des avances. Il accélère le pas.

Son hot-dog vite englouti, il reprend sa route et traverse rapidement cette zone où sa mère n'aime pas le voir traîner. Pour elle, le Red Light reste le quartier où la mafia a fait fortune lors de la prohibition américaine. Et si elle soutient toujours le maire Drapeau, c'est surtout pour la lutte qu'il a menée contre les vestiges trop visibles de cette époque licencieuse.

Gaétan quitte peu à peu les lumières de la *Main* pour s'enfoncer dans l'Est. Bientôt, il retrouve les rues sombres et familières de son quartier.

Sur une bouche d'aération du métro Beaudry, deux robineux dorment, enveloppés dans de vieux sacs de couchage. À côté d'eux traînent plusieurs bouteilles d'alcool vides, emblème de leur quotidien.

Décidément, cette nuit, Gaétan aura vu son lot de misère.

Pour ne pas avoir à s'expliquer sur l'heure de son retour, il décide d'aller finir la nuit chez Luc. En même temps, il vérifiera si l'appartement est toujours vide.

C'est le jour des vidanges, et la ruelle déborde de poubelles. Un rat convoitant le contenu d'un sac éventré s'enfuit à son approche, pour revenir aussitôt après son passage.

Épuisé, Gaétan grimpe l'escalier et pénètre dans l'appartement. Il en fait le tour ; l'appartement est vide. Rien ne semble avoir bougé depuis sa dernière visite. Sans réfléchir et ne sentant plus ses jambes, il s'effondre sur le lit de Luc en s'enroulant dans les couvertures. Il s'endort instantanément.

— Debout ! Debout !

Gaétan est secoué énergiquement. Il a le faisceau d'une lampe de poche braqué dans les yeux. Ébloui, hébété, il ne voit pas la personne qui le rudoie ainsi. Que lui veut-on ?

— Heille ! Arrêtez de me brasser !

— T'es qui, toi ? Où est Paul ? Envoye, réponds !

— Sacrament ! Lâchez-moi !

— C'est bon, il se réveille. Laisse-le se lever.

Gaétan s'assoit, abasourdi. Il distingue alors trois ombres devant lui. Il fait toujours noir. Il jette un œil sur le réveil : quatre heures du matin. Il n'a dormi qu'une petite heure. Il est étourdi, désorienté. Il n'a qu'une envie : se replonger dans le sommeil.

— Laissez-moi tranquille, je comprends rien à ce que vous dites.

— Lève-toi. Suis-nous dans la cuisine, on a quelques questions à te poser.

En prononçant ces paroles, l'homme allume le plafonnier de la chambre.

Aveuglé, Gaétan ferme les yeux, puis les rouvre doucement. Il est stupéfait. Au bout du lit, trois policiers lui font face.

17

Samedi 31 octobre

Cela fait vingt-quatre heures !

Gaétan est assis dans un coin de sa cellule aux murs blancs. Seul.

AGM23.

Aile gauche, mezzanine, cellule 23.

Jamais, au grand jamais il n'aurait pensé se retrouver à la prison de Parthenais. Pourquoi donc a-t-il décidé d'aller dormir chez Luc ? Deux semaines presque heure pour heure, et le voilà plongé dans le même pétrin que son ami.

Et dire qu'il a promis à ses deux frères de passer l'Halloween avec eux… Il se faisait une telle joie d'aller de porte en porte ! Patrick serait déguisé en cow-boy et Richard en Zorro. En plus, il a invité Louise à se joindre à eux. Que penserait-elle en le voyant manquer leur rendez-vous au Chat Noir ? Il va encore une fois lui faire faux bond.

Pour la première fois, Gaétan est face au silence. Il regrette presque les cris de ses frères et le vacarme de l'usine. Le silence n'est interrompu que par les claquements et les grincements des portes métalliques.

À son arrivée à Parthenais, un policier a pris les empreintes de ses cinq doigts. Puis, Gaétan a été fouillé, se retrouvant flambant nu devant un étranger pour la première fois de sa vie. Un gardien indifférent lui a demandé d'écarter les jambes et de se baisser. Le garçon s'est exécuté en se mordant les lèvres jusqu'au sang tant l'humiliation était grande. Il n'en revenait pas d'être traité comme un criminel. Le gardien lui a remis son uniforme de prisonnier : une chemise brune, une culotte grise et des bottines ; des vêtements tous trop grands pour lui.

Immédiatement après, il a été interrogé par deux policiers dans un petit bureau violemment éclairé par un néon. L'un d'eux tapait à deux doigts ses réponses sur une dactylo.

— Nom de famille ?

— Simard.

— Prénom ?

— Gaétan.

— Adresse ?

— 1307, rue Sainte-Rose, Montréal.

— Occupation ?

— Fileur à la Dominion.

— Nationalité ?

— Canadien français. Non, Québécois !

— Fais pas ton smatte, a répondu le policier.

Gaétan n'en menait pas large, assis bien droit sur une sa chaise métallique, face à ces deux hommes qui le toisaient de toute leur autorité.

Pourtant, il n'avait fait que dire la vérité. Vérité trop maigre pour eux. Ils avaient donc décidé de le faire mijoter en cellule, persuadés que la mémoire lui reviendrait et qu'ils en tireraient des informations utiles.

Était-il membre du FLQ ? Que pensait-il de la violence politique ? Connaissait-il un certain Francis Simard ou un dénommé Jacques Rose ?

Ces questions lui semblaient complètement farfelues. Il n'avait cessé de répéter qu'il avait vu ces noms pour la première fois quelques jours plus tôt, en lisant les journaux, qu'il n'avait aucun lien de famille avec Francis Simard et qu'il n'était qu'un ouvrier de la Dominion.

Sur le mur au-dessus du bureau, à côté du plan de la ville de Montréal, une affiche avec quatre photos annonçait : *Récompense de 150 000 $ pour toute information conduisant à l'arrestation de Francis Simard, Paul Rose, Jacques Rose, Marc Carbonneau.*

Comme dans les westerns !

Seul dans sa cellule, il ressasse tout ça. Il pense à son arrière-grand-père. Il pense aux grosses maisons de Westmount. Il pense à son père, à Louise, à ceux qui sont enfermés ici comme lui, sans raison. Peut-être que Luc est dans une de ces cellules, non loin de lui. Mais il n'ose pas appeler.

Un chariot grinçant s'approche de sa cellule. Un gardien encadré de deux policiers ouvre la porte et lui tend le repas du midi.

— Je le récupère dans vingt minutes, dit le surveillant machinalement.

Gaétan prend le plateau de fer-blanc. Il est légèrement creusé à quatre endroits pour retenir les aliments. La sauce déborde. Le pain est trempé et le jello baigne dans l'eau des haricots mal égouttés. Le garçon dépose son plateau par terre, écœuré, et retourne s'asseoir dans son coin.

Un gardien fait glisser ses clés sur les portes des cellules. Une façon tapageuse d'annoncer son arrivée qui tombe particulièrement sur les nerfs des prisonniers. Les pas s'approchent. Gaétan a l'impression que le geôlier prend plaisir à faire durer l'angoisse des détenus. Chacun se demande devant quelle porte il va s'arrêter. Et lorsque quelqu'un est emmené, on ne sait jamais si c'est pour un interrogatoire ou pour une libération.

Cette fois, c'est son tour.

— Amène-toi !

Comme toujours, le gardien est encadré de deux policiers. La petite troupe longe silencieusement le couloir. Gaétan jette un coup d'œil rapide vers l'intérieur des cellules dans l'espoir de reconnaître Luc, qui doit bien être quelque part dans cette bâtisse.

Une porte métallique s'ouvre sur un petit local identique à celui où a eu lieu son premier interrogatoire. Gaétan est anéanti.

— Nom ? Prénom ?

Et c'est reparti, songe le garçon, en s'appliquant tout de même à répondre de son mieux aux questions.

— Qu'est-ce que tu faisais chez Luc ?

Gaétan ne peut retenir un sourire narquois.

— Je dormais.

— Pourquoi t'es pas rentré chez toi ? Avais-tu un rendez-vous avec quelqu'un ?

— Je voulais juste dormir tranquille. Je voulais pas que mes parents me posent de questions.

— Des questions sur quoi ? Sur tes activités terroristes ?

— N'importe quoi ! Je vous l'ai déjà dit, je suis juste un ouvrier de la Dominion. Je viens de lâcher l'école. J'ai besoin de ma paye. Je suis pas fou.

— Du calme ! Ça fait une semaine qu'on surveille l'appartement de Luc Maheu. On a remarqué les allées et venues d'un individu suspect qui s'appelle Paul Dupuis. Pis on t'a vu passer par la ruelle à plusieurs reprises. Dis pas que c'était pas pour aller le voir !

Le garçon se sent pris au piège.

— C'est quoi, les liens entre Paul et Luc ?

— Je connais pas vraiment Paul. Il aide juste Luc pour les affaires du syndicat.

Le garçon a l'impression que plus il dit la vérité, moins ils le croient.

— Tu savais que Paul Dupuis avait un casier judiciaire ?

— …

— Qu'est-ce que tu sais d'autre sur ce Paul Dupuis ?

— Rien. C'est juste un syndicaliste.

— Pourquoi tu le défends ?

— Je le défends pas, je dis juste ce que je sais.

Au bout de deux heures d'interrogatoire, Gaétan est ramené à sa cellule. Il marche comme un automate. Il n'essaie même plus d'entrevoir les autres prisonniers.

Il s'assoit, complètement abattu, à l'extrémité du lit. Tranquillement, il tente de rassembler ses idées, pour réaliser que, s'il n'est pas libéré avant demain soir, il ne pourra pas rentrer à la shop à temps. Il perdra son travail. Sa mère n'aura plus son salaire pour boucler les fins de mois. Dans un sursaut d'énergie, il se lève et va cogner sur la porte de toute sa rage.

— Ostie de tabarnac ! Je veux sortir ! J'ai rien fait !

— On se calme, le jeune ! Nous non plus, on a rien fait, pis on est là depuis deux semaines. Prends sur toi. Ils finiront bien par nous relâcher. Garde tes énergies.

Tout son univers est en train de basculer. Comme s'il était dans une voiture qui filait à cent milles à l'heure vers un mur. Il ne contrôle plus rien. Sa vie lui glisse entre les doigts.

Le garçon s'effondre en larmes.

Il entend soudain la voix du prisonnier de la cellule voisine. Le timbre est grave. Sans doute, cet homme pourrait être son père. Il tend l'oreille.

— Garde la tête haute, mon gars. Faut être patient. Tout ça, c'est juste un petit malheur pour ébranler notre volonté. Ils se figurent qu'on va partir en peur. Même si t'es ici sans raison, donne-leur pas la chance de t'humilier. Montre-leur pas tes faiblesses. Garde tout ça par en dedans.

Une boulette de papier atterrit alors entre ses pieds. Il la déplie et essaie d'en déchiffrer l'écriture serrée.

ce qu'il faut comprendre
c'est que la liberté
c'est comme le respir
c'est la moindre des choses
ce qu'il faut comprendre
c'est que la dignité
doit renverser les lois
quand les lois sont indignes
le chemin est devant nous
simple comme un sentier
le chemin est devant nous
il attend qu'on le prenne

Et tout en bas :

ce qu'il faut comprendre
c'est que le pire est fait
qu'il ne nous reste vraiment qu'à faire le meilleur[1]

AGM21

1. Poème de Michel Garneau écrit à la suite de son arrestation en octobre 1970.

18

Dimanche 1er novembre

Ça fait quarante-huit heures !

Les cloches des églises du quartier appellent à la messe de onze heures. Recroquevillé sur son étroit lit de fer fixé au plancher, tenant serré son bout de papier au creux de son poing, il a fini par s'endormir.

Des toasts et un café froid le ramènent à la réalité. Retour douloureux. Gaétan reste assis, immobile sur le bord de son lit. Il ne proteste plus, il attend. Il admire le ciel bleu du haut de son dixième étage. Dommage qu'il ne puisse pas voir la ville. D'ici, il aurait une vue magnifique sur son quartier.

Un gardien ouvre brusquement la porte. Gaétan ne l'a pas entendu arriver. L'éternel couple de policiers qui l'encadre lui ordonne de ramasser ses affaires.

— Où on va ?

— Dépêche-toi !

Silencieux, ils marchent le long du couloir. Une porte s'ouvre, une porte se ferme. Un frisson parcourt le dos de Gaétan. Plein d'espoir en sortant de sa cellule, il commence maintenant à douter. Le mutisme de ses geôliers le trouble. Pas encore un interrogatoire ! Une porte s'ouvre, une porte se ferme. Ils enfilent d'un pas militaire un autre couloir.

Ils le laissent seul dans un petit local aux murs blancs. Il attend debout cinq, dix, quinze minutes.

Deux nouveaux policiers prennent le relais sans dire un mot. L'indifférence de ces hommes est insupportable. Le prisonnier est mené d'un endroit à l'autre sans qu'on lui dise quoi que ce soit.

Ils sont devant un ascenseur. Ils y entrent et descendent plusieurs étages. La porte s'ouvre. Gaétan comprend qu'ils sont au sous-sol. Ils longent un stationnement à moitié vide.

Gaétan a de la difficulté à respirer. Son cœur se serre.

Ils arrivent dans une pièce au fond de laquelle se trouve un guichet. Il doit déclarer son nom et son numéro de cellule. En échange, le guichetier lui tend une boîte. Le garçon soulève le couvercle. Ce sont ses vêtements.

Un immense soulagement l'envahit.

Il est libéré !

Un des policiers rebrousse chemin sans un mot. L'autre dit à Gaétan de s'habiller. Il doit s'exécuter sur place. La pudeur, ce se sera pour une autre fois.

— Signe !

Il ne prend pas le temps de lire le formulaire. Il s'exécute. Le policier le conduit devant une petite porte métallique. Il l'ouvre.

Le soleil brûle les yeux de Gaétan. La porte se referme derrière lui.

Il prend une grande respiration, « un respir de liberté », comme disait le poète sur le bout de papier — que Gaétan a glissé précieusement au fond de sa poche.

Il a envie de sauter de joie, de crier.

Il marche le long de la rue Parthenais. Des passants le croisent comme si de rien n'était, sans deviner qu'il vient de passer quarante-huit heures en prison. La vie continue.

Il se précipite chez Louise.

Il grimpe les marches du perron deux à deux. Lorsqu'il pousse la porte, une violente musique rock lui tombe dessus. Une faune étrange est regroupée dans la salle à manger. Assis sur des coussins, les jeunes écoutent religieusement *Hey Joe* de Jimi Hendrix. Gaétan ne voit pas Louise. Il s'accroupit près du gars qu'il a croisé l'autre jour.

— As-tu vu Louise ?

Le garçon le regarde d'un air béat. Gaétan le secoue pour le sortir de sa torpeur. Il finit par émettre quelques sons.

— Je suis pas sa mère, à ta Louise. Tu veux une poffe ? C'est du bon stock !

Gaétan est exaspéré.

— Je veux juste savoir si elle revient bientôt.

— Prends ça cool, man, elle devrait pas tarder.

— À part du vent, as-tu quelque chose dans la tête ?

— T'as pas besoin de m'insulter ! Si tu veux rester *straight,* c'est ton affaire. Louise sort avec du drôle de monde, marmonne-t-il en se laissant retomber sur les coussins.

Gaétan ne répond pas. Il enjambe quelques corps et ouvre la porte de la chambre de Louise. Deux filles dorment sur le lit, mais pas de trace de Louise. Une odeur de marijuana imprègne la pièce. Il tourne les talons et sort de l'appartement.

Il s'assoit sur les marches en ruminant sa mauvaise humeur. Décidément, il n'aime pas cet endroit.

Soudain, au coin de la rue Berri apparaît la grande cape noire. Il se précipite vers elle, oubliant ce qui vient de se passer.

— Qu'est-ce qui t'est arrivé ?

Le garçon commence à lui raconter son séjour à Parthenais.

— Tu sors de prison ? Viens m'expliquer ça !

Gaétan fait la grimace.

— Il y a un peu trop de monde dans ton lit.

— C'est vrai ! dit-elle en riant. On a fait la fête assez tard, hier soir.

— Ils sont dans un drôle d'état.

— Je dépose le lait et les croissants, et on ira prendre

un café à la Fontaine à Johannie. Attends-moi, je reviens tout de suite.

Gaétan, affamé, dévore un hot-dog noyé de ketchup, comme il les aime, en racontant à Louise ses quarante-huit heures de prison. La jeune fille l'écoute, admirative, en sirotant un café. Devant elle, Gaétan n'est plus tout à fait le jeune garçon qu'elle a rencontré quelques jours plus tôt. Il est devenu le héros d'une histoire palpitante. Gaétan en rajoute un peu.

À son tour, Louise raconte qu'elle a passé l'Halloween avec les frères de Gaétan.

— Tu m'avais invitée. On t'a attendu. Comme t'arrivais pas et que Patrick et Richard tenaient plus en place, on est partis sans toi. Ç'a été formidable. Plein d'autres enfants se sont joints à nous. On formait une méchante bande de fous, avec des fantômes, des cow-boys, des Zorro, des princesses, des robots. Avec ma cape noire et mon rouge à lèvres pétant, je me faisais passer pour un vampire. J'ai eu un succès fou avec mes fausses dents. C'est le fun, passer l'Halloween dans ton quartier !

— T'es pas mal fine d'être restée avec eux.

Gaétan prend sa main et la serre dans la sienne. Elle est douce et chaude. Leurs regards restent un instant accrochés l'un à l'autre.

Louise effleure ses lèvres d'un baiser.

19

Lundi 2 novembre

Gaétan longe la rue Dorchester. Il se sent déterminé et fier.

« Quarante-huit heures en dedans pour un baiser, se dit-il, c'est pas trop cher payé. »

Les lèvres lui brûlent encore.

La veille au soir, il a repris son travail devant sa machine au rythme implacable, sous le regard sévère du foreman, qui l'avait accueilli par un avertissement.

« Là, c'est ta dernière chance. »

Il n'a pas relâché sa surveillance d'une seconde. Pourtant, le garçon n'a pas été intimidé. Au contraire, il s'est senti plein d'une énergie nouvelle, comme celui qui a réussi une épreuve ou franchi un passage délicat et qui ne voit plus tout à fait les choses de la même façon.

À la fin de son quart de travail, le foreman lui a dit que s'il maintenait la cadence de cette nuit, il pourrait garder son poste.

À cette heure-là du matin, Louise part pour le cégep, et le garçon sait qu'aujourd'hui il ne pourra pas la voir de la journée. Il n'a pas le choix de rentrer chez lui. Mais il n'est pas pressé d'être de nouveau aspiré par le tourbillon de la vie de famille. Tout ce qui lui importe, c'est de revoir Louise.

Dès qu'il a mis les pieds chez lui, la veille, après sa rencontre avec Louise, sa mère lui a parlé de la jeune fille. C'est à peine si elle lui a posé quelques questions sur son séjour à Parthenais. Par contre, elle n'en revenait toujours pas que cette jeune fille « comme il faut » soit venue passer l'Halloween avec ses frères. Gaétan a même le sentiment que ça l'impressionne plus que ses deux jours passés en prison. Au lieu de l'accueillir à bras ouverts, elle a plutôt souhaité que son arrestation lui serve de leçon, en maugréant contre la mauvaise influence de son père.

« J'élève pas des garçons pour qu'ils finissent sur le Bien-être social ou à Parthenais. »

Encore aujourd'hui, dès que Gaétan met le pied dans la cuisine, elle remet ça.

— Elle est pas mal instruite, ta blonde, lui dit-elle en lui servant une crêpe.

— Maman, laisse faire, c'est pas ce que tu penses.

— Mais je pense rien, je constate. *Cute,* et pis fine, à part de ça. Elle était pas obligée de s'occuper de tes frères.

— Elle est peut-être fine, mais je veux pas que mon

fils aille traîner avec des hippies, déclare le père en entrant à son tour dans la pièce.

— Il manquait plus que lui, marmonne le garçon entre ses dents.

Mais Gaétan ne veut pas discuter, il veut aller dormir.

— C'est pas une hippie. C'est une étudiante du cégep, ne peut-il s'empêcher de lui répondre, agacé.

— Justement, elle est pas de notre milieu. Tu risques d'être déçu.

— Déçu de quoi ? C'est une amie.

— Ta mère m'a dit qu'elle habite une commune. Je veux pas que tu y retournes. Je veux pas que mon fils fréquente des pouilleux qui fument de la drogue pis qui travaillent pas. C'est juste une gang de fils de riches. Crois-moi, ils vont retourner avec leur famille à Outremont après quelques années. C'est facile pour eux de mener une vie de bohème.

— Sacrez-moi patience !

Gaétan se lève, furieux, et va se coucher. Il ne veut pas parler de tout ça. De toute façon, ce sont ses affaires, son père n'a pas à s'en mêler. Il travaille, il a gagné sa liberté. Il voit qui il veut.

En se glissant enfin dans son lit, il entend toujours son père ronchonner. Le garçon sourit car, au fond, il partage son avis. Sauf sur une chose : Louise est différente.

Gaétan farfouille dans un étalage de 33 tours. Entré

dans un magasin de musique, il cherche un cadeau pour Louise. Il veut la remercier de s'être occupée de ses frères en lui offrant un disque. Le choix est difficile, car il sait qu'elle en a beaucoup.

Au moins, il a éliminé les chanteurs anglais. Il n'y connaît rien. Et puis, par principe, il ne veut pas encourager ceux qu'on est déjà obligés d'écouter partout. Ils font assez d'argent, ils n'ont pas besoin du sien.

Son regard est attiré par une pochette noire avec un titre écrit à la manière d'un graffiti sur un mur : *Amour, Anarchie.* Il retourne la pochette et reconnaît le chanteur, Léo Ferré. Il ne l'a jamais écouté, mais il a déjà vu un de ses albums parmi ceux de Louise. Ce visage ne s'oublie pas.

Le vendeur lui vante les paroles et la musique de l'album et lui dit qu'il vient tout juste de sortir. Le garçon est donc sûr qu'elle ne l'a pas, mais il hésite encore. Il est plus cher que les autres, c'est un album double. Tant pis : pour un premier cadeau, il peut bien faire une folie.

Gaétan, radieux et fier de son coup, sort du magasin et décide d'aller rendre visite à Mme Maheu.

— Bonjour ! J'ai des bonnes nouvelles pour vous.

— Ça fait longtemps que t'es pas venu me voir.

— J'ai été très occupé, lui répond le garçon, pas très satisfait de son mensonge.

Il a décidé de ne pas lui dire qu'il a été arrêté, chez son fils de surcroît. Il ne veut pas l'inquiéter davantage. Il vaut mieux rester dans le registre des bonnes nouvelles.

— Une amie m'a expliqué que, selon la loi des mesures de guerre, la police peut pas retenir quelqu'un plus de vingt et un jours.

— Ça fait qu'il va sortir bientôt.

— Ça devrait, s'il est pas accusé.

— Accusé de quoi ?

— D'avoir des liens avec le FLQ.

— Alors, c'est une question de jours.

Après quelques instants de réflexion, elle reprend :

— Mais ce Paul qui habitait chez lui, il a peut-être des liens avec le FLQ.

Gaétan se dit qu'elle a raison, que rien n'est moins sûr que la libération de Luc. En effet, son appartement a été surveillé. La police sait que Paul a habité là ; or, ce dernier est sur leur liste de suspects. La fuite de Paul lors de la soirée de soutien a confirmé à Gaétan qu'il est probablement entré dans la clandestinité pour une raison ou une autre. Si la police est persuadée que Paul est lié au FLQ, elle accusera certainement son ami d'avoir aidé un terroriste.

Mais il garde ses réflexions pour lui.

— C'est quand même étrange, raisonne-t-elle, qu'ils le gardent si longtemps. D'après la radio, la majorité de ceux qui ont été arrêtés le 16 octobre ont été relâchés.

— Tant qu'ils ont pas trouvé l'endroit où est retenu Cross, on en aura pas fini avec les arrestations, essaie de la rassurer le garçon.

20

Mardi 3 novembre

Gaétan fait les cent pas devant le collège. Cela fait déjà trente minutes qu'il attend Louise.

Il fait gris et froid, un temps de neige ; mais les nuages semblent vouloir retenir les flocons jusqu'à la dernière extrémité.

Dix heures du matin. De nombreux étudiants s'engouffrent précipitamment dans la grande bâtisse.

« Il en manque juste une, pis c'est celle que j'attends », se dit le garçon, impatient.

Le flot des étudiants commence à se tarir. Elle n'est toujours pas là. Un long moment s'écoule. La fatigue commence à gagner le garçon, qui n'a pas dormi. Ses paupières se font lourdes.

Soudain, une main prend la sienne et le tire violemment vers l'entrée du cégep.

— Dépêche-toi, je suis en retard à mon cours.

— Tu m'avais dit que t'étais libre.

— Mon horaire a changé. J'ai pas pu te prévenir. Notre prof de littérature a invité un poète pour nous parler du français. Je dois pas rater ça.

— Arrête de tirer, je peux pas rentrer dans ton cours. On se verra un autre jour, marmonne le garçon, profondément déçu.

Elle s'arrête, le regard résolu.

— Viens ! Il y a pas de problème, notre prof est cool, il va te laissera entrer. Je suis sûre que ça va t'intéresser. C'est Gaston Miron, il a écrit des poèmes extraordinaires. Lui aussi a été arrêté.

Gaétan cède. À cause des yeux noirs pétillants de la jeune fille, de sa main si douce, de la force de ses convictions... et pour pouvoir rester avec elle.

— Dépêche !

Ils montent les marches quatre à quatre, puis longent un couloir dont le magnifique plancher craque sous leurs pas. Ils passent devant une série de portes fermées : les cours ont commencé.

Vers quoi se laisse-t-il entraîner ? Tout ce qu'il connaît de la poésie, ce sont les fables de La Fontaine, qui ne l'ont jamais passionné. Il craint que les deux prochaines heures ne soient interminables.

La dernière porte du couloir est la bonne.

— C'est trop tard, tente le garçon une dernière fois, c'est commencé.

Sans aucune hésitation, Louise ouvre la porte et le pousse dans la salle de classe.

Trente paires d'yeux les dévisagent. Gaétan se sent rougir jusqu'à la racine des cheveux. Louise le traîne vers la rangée du fond. L'orateur semble n'avoir rien remarqué et continue son discours. Il a une voix forte, il fait de grands gestes et semble complètement absorbé par son sujet. L'homme assis à côté de lui, sans doute le professeur, adresse un geste de bienvenue à Louise.

Gaétan se fait aussi petit que possible. Se retrouver devant un pupitre dans une salle de classe lui semble bien étrange. Il ne garde pas de bons souvenirs de l'école ; pourtant, il n'était pas un mauvais élève. Il s'en tirait même assez bien. Mais, au fond, il a toujours su que les études, ce n'est pas pour lui. Alors, à quoi bon écouter ?

Cependant, son attention finit par être captée par cet homme qui gesticule devant lui. Derrière ses lunettes d'écaille, son regard est vif et persuasif. À la grande surprise du garçon, non seulement son discours est compréhensible, mais il exprime des idées qui lui semblent justes.

Lorsque Louise a parlé de poésie et de littérature, Gaétan n'a pas été enchanté. Mais là, il sent que quelque chose de vital est exprimé. Alors, il concentre toute son attention sur ces paroles.

« C'est vrai qu'il y a un problème de langue chez nous, au Québec. Mais ce n'est pas celui qu'on pense. Ce n'est pas un problème par rapport au français. Le problème, c'est l'anglais !

« Le problème, c'est que notre langue se fait assimiler par l'anglais.

« La langue du peuple canadien-français est le français. Il le parle avec des variantes, parfois il utilise du vocabulaire anglais, mais il est essentiellement français. Cheval ou joual, c'est du français.

« Mais trop souvent, surtout chez les élites, notre langue est une langue de traduction, et tant qu'il faudra savoir l'anglais pour bien gagner sa vie, on ne réglera pas le problème.

« Prenez l'exemple : une “pharmacie à prix réduits”. Ça a l'air du français, il n'y a pas de mots d'anglais, mais c'est une langue de calque. C'est ce que j'appelle du “traduit du”. La structure est anglaise. C'est une langue bien pire que celle qui utilise des emprunts de mots anglais.

« Dire “pharmacie à prix réduits”, c'est bien pire que de dire : “passe-moi le *wrench.*” »

« Il n'y a plus aucun sens de la langue. Je serais en droit d'entrer dans la pharmacie et de dire au pharmacien : « Vous voulez vendre votre magasin ? Je suis intéressé. » Ce que veut dire ce pharmacien, c'est que ses remèdes sont à vendre à prix réduits, au rabais.

« Il reste dans cette expression une apparence de français. Ça, c'est de l'aliénation. C'est devenir étranger à soi-même.

« Tant qu'une langue évolue par elle-même, c'est fantastique ; quand elle évolue par une autre, elle devient une langue passive. Elle devient le calque de l'autre.

« Au Québec, on vit en stéréo, on a toujours la traduction : pont-*bridge*, *pull*-tirer, *welcome*-bienvenue. On est des unilingues bilingues.

« Le peuple canadien-français parle français. Il utilise des mots d'anglais, bien sûr, mais la structure de sa langue est française.

« Nos élites, par contre, parlent un français avec des structures de phrase anglaises. J'en entends chaque jour. Écoutez bien les ministres, les politiciens parler. Leur langue a l'air du français, il n'y a pas un mot d'anglais, mais c'est de l'anglais. Nous sommes une langue en dessous d'une autre langue. À force de se prendre pour un autre, on devient un autre. Notre langue est une langue dépendante. Elle évolue d'après le schéma de l'autre. L'autre est dans notre langue.

« À moins que tu décides de changer ça.

« Alors, pour rétablir le discours français, il faut s'arracher l'anglais de la gueule.

« Il faut que notre langue soit souveraine.

« Alors, on se repayse.

« On se récupère.

« On se réhabite. »

Un instant de silence. La classe est figée, abasourdie

par ce discours. Puis, c'est un tonnerre d'applaudissements.

Gaétan a les larmes aux yeux.

Il pense à Mme Maheu.

Il découvre que d'être capable de mettre des mots sur une souffrance, c'est déjà en atténuer la douleur. C'est déjà commencer à se reconstruire.

21

Mercredi 4 novembre

Gaétan a mal dormi. Il se réveille un peu sonné. Contre quel fantôme s'est-il donc battu pendant son sommeil ? Il n'a pourtant pas rêvé. Aucune image ne lui vient en tête. Mais un sentiment d'impuissance le tenaille, comme dans ces cauchemars où l'on tombe sans fin.

Il n'a même pas envie de se lever pour aller voir Louise. Pourquoi aller la voir quelques heures, refaire le monde avec elle et retourner à l'usine pour la nuit ?

Il va faire ça encore combien de temps ?

Pour la première fois, il a le sentiment de perdre sa vie à l'usine.

Il commence à comprendre les révoltes de son père et les aigreurs de sa mère. Il devine leur douleur faite de désillusions et de renoncement. Ils sont passés dans le tordeur de la vie.

Aujourd'hui, c'est son anniversaire, il a seize ans. Le

poids qu'il sent sur ses épaules vient peut-être de là. Il ne sait pas s'il doit être gai ou triste. À quoi sert une vie en sourdine ? Il a l'impression de prendre l'eau.

Il repense au poète qui gesticulait hier devant lui, exprimant en mots de colère la douleur d'un peuple qui est dominé jusque dans sa langue. C'est un homme qui a choisi d'être debout.

Une porte claque, des pas grimpent l'escalier à la course. Ses deux frères, comme toujours, déboulent dans sa chambre.

Ils hurlent :

— Bon anniversaire !

— Envoye ! Lève-toi !

Ils le chatouillent. Gaétan se débat ; ils connaissent trop bien ses points sensibles. Il leur rend la pareille. Tous trois se tordent de rire.

— Laissez-moi tranquille si vous voulez que je me lève !

Il n'en faut pas plus pour chasser ses idées sombres. On ne doit pas être trop sérieux quand on a seize ans.

Sa mère et son père l'attendent dans la cuisine. Un gâteau d'anniversaire trône sur la table. Il compte. Il y a bien seize bougies. Il les souffle toutes d'un coup. Sa famille entonne :

« Bonne fête, Gaétan, bonne fête, Gaétan... »

Ses frères l'embrassent. Ses parents le serrent dans

leurs bras. Ils ont l'air heureux. Au fond, ils sont fiers de leur fils, qui a commencé sa vie d'ouvrier.

Sa mère lui donne son cadeau. Un chandail qu'elle a tricoté. Son père lui offre une veste de chasse.

— L'an prochain, on se reprendra.

Ses deux frères lui tendent une enveloppe. À l'intérieur, il trouve un billet pour un spectacle de Charlebois.

— Je vous adore ! Ça fait tellement longtemps que je veux le voir en spectacle ! Merci !

La mère lui explique que les deux garçons ont économisé leur argent des livraisons qu'ils font la fin de semaine pour l'épicier du coin, mais qu'ils ont aussi ramassé quantité de bouteilles vides.

Ému, Gaétan ne sait trop quoi dire. Dans la famille, on n'est pas habitués aux effusions. Les sentiments, on les garde plutôt pour soi. Mais se sentir si chaleureusement entouré lui met du baume au cœur : il se dit que sa famille est encore son meilleur refuge.

Après le souper, tous s'installent devant le petit écran pour regarder l'émission *Moi et l'autre*. Pour rien au monde ils ne la manqueraient. Mais Gaétan a autre chose à faire. Il en profite pour s'éclipser.

— Où est-ce qu'il va ? s'inquiète le père.

— Il va voir sa blonde.

— Celle qui vit dans une commune ? Ça risque de pas durer longtemps. Mais c't'heure qu'il travaille, et s'il se fait des blondes en plus, il restera plus longtemps à la maison.

— Je le garderais bien encore un peu.

— Fais-toi pas d'idées. L'oiseau va bientôt s'envoler du nid.

— Heille ! les parents, taisez-vous ! On comprend pas les *jokes* de Dominique et Denise.

Gaétan cogne. Pas de réponse. Il entre. Tout est sombre dans l'appartement. Pourtant, Louise lui a bien donné rendez-vous chez elle pour son anniversaire. Il se risque jusqu'à la salle à manger.

Soudain, la musique rock gicle en mille éclats. La lumière jaillit, éblouissante. Louise lui saute au cou et l'embrasse.

— Bonne fête ! Je les ai tous fait partir pour ce soir. J'avais pas le cœur à les avoir dans les pattes. Heureux d'avoir seize ans ?

— Je sais pas. Depuis ce matin, je file croche.

— T'es malade ?

— Non, c'est dans ma tête. Je sais plus trop où j'en suis.

— Tiens, j'ai un cadeau pour toi.

Elle lui tend un petit paquet plat. Il l'ouvre, ému.

Un livre.

C'est la première fois qu'il en reçoit un en cadeau. Il est un peu embarrassé.

— Regarde le titre et l'auteur.

L'Homme rapaillé, de Gaston Miron.

— Il y a des poèmes magnifiques, dans une langue particulière. Sa langue à lui, elle est souveraine, comme il dit. Elle réinvente la façon de dire l'amour. Elle exprime la douleur et la volonté de celui qui veut bâtir un pays.

Emportée par son enthousiasme, elle ouvre le livre et se met à lire au hasard. Gaétan n'est pas habitué à cette parole. Il ne connaît pas le sens de ces mots, mais leur sonorité et leur rythme dégagent une force qui l'emporte. Il voudrait l'écouter longtemps.

Malheureusement, il lui faut briser l'enchantement.

— Je dois y aller. Tu sais, j'ai de moins en moins le goût d'aller travailler à la shop. Je suis pas paresseux, mais, c'est drôle à dire, j'ai l'impression de perdre mon temps, d'avancer dans une voie sans issue. Je me demande des fois si je devrais pas retourner à l'école. Depuis que j'ai passé deux jours en dedans, je pense plus pareil. Je suis tout mêlé et je trouve que la vie est bien mal amanchée !

— Tu sais, c'est possible de finir ton secondaire en suivant des cours du soir. Après, au cégep, tu peux demander une bourse. Tu ferais ton année en deux ans au lieu d'un. Ça peut valoir le coup d'essayer. Je pourrais t'aider.

— Travailler et étudier en même temps, je sais pas si je serais capable.

Gaétan s'arrête de parler un instant, réfléchit, puis déclare sur un ton un peu gêné :

— Pis je veux pas changer de monde. J'aime mon quartier. Il est vivant, il a de la senteur, de la couleur. Je voudrais juste que les gens de mon quartier soient respectés, qu'ils puissent vivre correctement, qu'ils puissent gagner leur vie dans leur langue.

— Alors, t'es peut-être mieux de faire de la politique !

22

Jeudi 5 novembre

Sur la table de cuisine traîne *Le Journal de Montréal.* En première page, il y a les photos de plusieurs felquistes qui viennent d'être arrêtés. Le titre annonce que la police a démantelé une cellule d'information du FLQ qui se donne le nom de « cellule Viger ». Il s'agit de jeunes gens de dix-huit à vingt-cinq ans. Gaétan reconnaît Paul.

Il s'effondre sur sa chaise.

Son pressentiment était donc exact. Paul est lié au FLQ.

Gaétan continue sa lecture. L'article explique que cet ouvrier impliqué dans les luttes syndicales était recherché par la police depuis plusieurs semaines. Selon cette dernière, il serait passé dans la clandestinité début septembre. Il avait déjà un casier judiciaire et avait fait plusieurs mois de prison pour avoir posé des bombes dans des boîtes aux lettres de Westmount. Cette cellule Viger à laquelle il appartenait avait été mise sur pied pour diffuser les communiqués du FLQ.

Gaétan songe à la feuille avec l'en-tête du patriote qu'il avait vue sur le comptoir de la cuisine de Luc. Maintenant, tout est clair, et il réalise qu'il est passé à deux doigts d'être embarqué dans une histoire qui le dépasse complètement.

Et Luc ?

Il relit l'article attentivement, mais son nom n'apparaît nulle part.

« En tout cas, réfléchit Gaétan, si tout ça est vrai, Luc pourra pas sortir de prison. La police sait que Paul a dormi chez lui. Il risque au minimum d'être accusé d'avoir aidé des terroristes. C'est sûrement pas pour rien qu'il a pas encore été libéré. Pauvre Mme Maheu ! »

Le journal annonce également, dans un autre article, qu'aujourd'hui plusieurs des individus en détention depuis le 16 octobre comparaîtront devant un juge. Mais, encore une fois, il n'est pas question de Luc.

Gaétan replie le journal et décide d'aller faire un tour au palais de justice pour voir si son ami est parmi les inculpés. Juste au moment où il s'apprête à sortir, on cogne à la porte.

— C'est pas le moment, bougonne-t-il en allant ouvrir.

Luc est devant lui, radieux. Les deux amis se jettent dans les bras l'un de l'autre.

— Bon, est-ce qu'on va la boire, cette Mol ? Je viens

de passer des vacances forcées à Parthenais Beach. J'ai plein de choses à te raconter.

— Moi aussi. T'arrives juste à temps, je partais pour le palais de justice. J'étais convaincu que tu passerais devant le juge aujourd'hui.

— Tu pensais que j'étais dans le FLQ ?

— Ben, je t'avoue qu'avec tout ce qui s'est passé depuis trois semaines je savais plus trop quoi penser.

— Moi, au contraire, je sais rien. On nous a tenus dans l'isolement total tout ce temps-là. Aucune info nous venait de l'extérieur. Va falloir que tu me racontes.

— Regarde sur le journal, il y a la photo de Paul.

— Pourquoi ?

— Lis l'article.

Luc fronce les sourcils.

— Pas croyable ! Ce gars-là peut pas être un terroriste. Il m'a toujours dit qu'il fallait s'impliquer dans les syndicats pour faire changer les choses. Et puis, il ferait de mal à personne.

— Il s'est peut-être tanné d'être fin. Tu sauras qu'il a habité chez toi quelques jours pendant que t'étais en prison.

— Ça se peut. Il m'avait dit qu'il avait perdu son appartement à cause d'une chicane avec son proprio et qu'il cherchait un endroit où habiter. Je lui avais dit qu'il pouvait venir quand il voulait. Je pensais pas que c'était pour se cacher. T'as raison, je suis passé pas mal proche d'être accusé. Mais la police a dû me croire parce que finalement j'ai été libéré. J'ai trouvé ça pas mal long, trois semaines. En tout cas, s'il y a une chose que j'ai comprise, c'est qu'un jour on va l'avoir, notre pays ! Je pense pas qu'ils aient gagné quelque chose en mettant tout ce monde-là en prison ; au contraire.

— Pas sûr... La plupart des gens soutiennent l'action du gouvernement, pis le maire Drapeau a été réélu haut la main.

— As-tu d'autres bonnes nouvelles à m'annoncer ?

— Je pense que je suis tombé en amour.

— Wow ! Tu fais n'importe quoi, quand je suis pas là !

Les deux amis sortent, emmitouflés dans leur manteau d'hiver. Sous la première neige qui tombe sur Montréal, ils marchent d'un pas joyeux vers la taverne pour refaire le monde. L'hiver, cette fois, est bien installé.

Les événements d'octobre 1970 au Québec*

5 octobre : la cellule Libération du FLQ enlève James Richard Cross, attaché commercial de la Grande-Bretagne à Montréal. Dans un communiqué, le FLQ réclame la libération de vingt-trois sympathisants felquistes en prison et la diffusion de son *Manifeste.*

7 octobre : première lecture du *Manifeste* du FLQ, sur les ondes de la station de radio CKAC.

8 octobre : lecture du *Manifeste* du FLQ à la télévision de Radio-Canada.

---

* D'après Louis Fournier, *FLQ, Histoire d'un mouvement clandestin*, Lanctôt, 2001.

10 octobre : le ministre de la Justice du Québec annonce son refus de toute négociation avec le FLQ. Celui-ci réagit par l'enlèvement de Pierre Laporte, vice-premier ministre du Québec et ministre du Travail et de l'Immigration. Il s'agit d'une action de la cellule Chénier.

11 octobre : le premier ministre du Québec, Robert Bourassa, annonce son intention de négocier avec le FLQ. En fait, ces prétendues négociations visent à gagner du temps.

14 octobre : « Appel des seize ». Seize personnalités, dont le chef du Parti québécois, René Lévesque, le directeur du journal *Le Devoir,* Claude Ryan, et les présidents des trois grands syndicats québécois demandent au gouvernement de faire libérer de prison des sympathisants felquistes en échange des deux otages. L'Appel des seize servira de prétexte à des rumeurs sur la formation d'un « gouvernement provisoire » et sur la menace d'un « coup d'État ».

15 octobre : l'armée canadienne occupe les villes du Québec (8 000 hommes au total).

16 octobre : à quatre heures du matin, le gouvernement fédéral décrète l'état d'« insurrection appréhendée » et proclame la loi des mesures de guerre. La Déclaration canadienne des droits est suspendue. Environ 500 personnes (comédiens, chanteurs, poètes, écrivains, journalistes, syndicalistes, militants) sont emprisonnées sans mandat de la justice dans les heures et les jours qui suivent. Les personnes arrêtées peuvent être retenues au maximum vingt et un jours sans pouvoir contacter ni leur famille ni un avocat. Neuf détenus sur dix seront relâchés sans accusation. Dans le même temps, l'armée assure la protection des quartiers riches et des édifices gouvernementaux.

17 octobre : assassinat du ministre Pierre Laporte, revendiqué par la cellule Chénier du FLQ. Les circonstances de sa mort n'ont cependant toujours pas été élucidées.

20 octobre : funérailles de Pierre Laporte.

25 octobre : élections municipales à Montréal ; Jean Drapeau est réélu maire par une écrasante majorité.

5 novembre : libération de presque tous les détenus arrêtés par la police à partir du 16 octobre. Vingt-quatre personnes seulement comparaissent devant la Cour. La majorité d'entre elles seront par la suite acquittées.

6 novembre : arrestation de Bernard Lortie, un des membres de la cellule Chénier.

25 novembre : la police découvre, grâce à des filatures, le lieu de séquestration de James Richard Cross à Montréal-Nord.

3 décembre : à la suite de négociations entre la police et le FLQ, Cross est libéré, après 59 jours de séquestration, en échange de l'octroi pour les ravisseurs de laissez-passer vers Cuba.

28 décembre : arrestation de Paul Rose, Jacques Rose et Francis Simard, les autres membres de la cellule Chénier.

4 janvier 1971 : l'armée canadienne se retire des villes du Québec, mais les mesures d'exception restent en vigueur jusqu'au 30 avril 1971.

Table des matières

1 • À la barre du jour 11

2 • Vendredi 16 octobre 17

3 • Samedi 17 octobre 29

4 • Dimanche 18 octobre 36

5 • Lundi 19 octobre 42

6 • Mardi 20 octobre 47

7 • Mercredi 21 octobre 52

8 • Jeudi 22 octobre 58

9 • Vendredi 23 octobre 64

10 • Samedi 24 octobre 70

11 • Dimanche 25 octobre 75

12 • Lundi 26 octobre 79

13 • Mardi 27 octobre 86

14 • Mercredi 28 octobre 93

15 • Jeudi 29 octobre 99

16 • Vendredi 30 octobre 104

17 • Samedi 31 octobre 109

18 • Dimanche 1er novembre 117

19 • Lundi 2 novembre 122

20 • Mardi 3 novembre 127

21 • Mercredi 4 novembre 133

22 • Jeudi 5 novembre 139

Les événements d'octobre 1970 au Québec 143

Crédits et remerciements

Les Éditions du Boréal reconnaissent l'aide financière du gouvernement du Canada par l'entremise du Fonds du livre du Canada (FLC) pour ses activités d'édition et remercient le Conseil des Arts du Canada pour son soutien financier.

Les Éditions du Boréal sont inscrites au programme d'aide aux entreprises du livre et de l'édition spécialisée de la SODEC et bénéficient du programme de crédit d'impôt pour l'édition de livres du gouvernement du Québec.

L'auteur remercie le Conseil des arts et des lettres du Québec pour son soutien financier.

Illustration de la couverture : Alain Reno

Ce livre a été imprimé sur du papier 100 % postconsommation,
traité sans chlore, certifié ÉcoLogo
et fabriqué dans une usine fonctionnant au biogaz.

MISE EN PAGES ET TYPOGRAPHIE :
LES ÉDITIONS DU BORÉAL

ACHEVÉ D'IMPRIMER EN SEPTEMBRE 2010
SUR LES PRESSES DE MARQUIS IMPRIMEUR
À CAP-SAINT-IGNACE (QUÉBEC).